Sécurité globale

N° 26, nouvelle série [N° 52 de la série originale]

W0289197

DIRECTEUR DE LA PUBLICATION

Serge KEBABTCHIEFF, Editions ESKA, Paris

CONCEPTION ET RÉALISATION

NOUVELLE SÉRIE : XAVIER RAUFER

Sécurité globale

Editions ESKA
12, rue du Quatre-Septembre - 75002 Paris
Tél. : 01 42 86 55 65 - Fax : 01 42 60 45 35
Site : www.eska.fr

RECOMMANDATIONS AUX AUTEURS

Le comité de rédaction de la revue est ouvert à toute proposition d'article.

Les auteurs sont priés de respecter les lignes directrices suivantes quand ils préparent leurs tapuscrits :

- ✔ Les articles ne doivent pas dépasser 40 000 signes (notes et espaces comprises).
- ✔ Les articles doivent êtres inédits. Si justifié par un intérêt éditorial précis, la rédaction accepte néanmoins les versions longues et étayées d'articles préalablement parus.
- ✔ Deux résumés, l'un en français, d'une dizaine de lignes maximum et un autre, en anglais, de la même importance, doivent être fournis avec le manuscrit, accompagnés de la qualité et la liste des dernières publications de l'auteur.
- ✔ Une bibliographie sommaire peut éventuellement être jointe aux articles.
- ✔ Les auteurs feront parvenir leur article par Internet à l'adresse suivante : agpaedit@eska.fr en format MS Word (.doc ou .rtf) ; Times New Roman 11 justifié, interlignes simples.
- ✔ Les auteurs doivent joindre dans un fichier séparé portant mention de l'ensemble de leurs contacts : courriel, adresse postale et le cas échéant numéro de téléphone.
- ✔ L'article doit être présenté de la manière suivante : titre en Times 14, suivi, à chaque fois à la ligne, du prénom et du nom de l'auteur, de sa qualité (notice biographique), du résumé français/anglais et du corps du texte.
- ✔ Les auteurs sont invités à structurer leurs analyses par intertitres afin de faciliter la lecture.
- ✔ Lors de la remise de l'article à la rédaction les fichiers Word doivent être titrés de la façon suivante : NOM (de l'auteur en majuscules) – titre (de l'article en minuscules).
- ✔ Tous les tableaux, graphiques, diagrammes et cartes doivent porter un titre et être numérotés en conséquence et sourcés s'ils ne constituent une œuvre originale. Toutes les figures doivent être transmises séparément en fichiers jpeg ou pdf d'une résolution suffisante (idéal 300 dpi) et leurs emplacements doivent être clairement indiqués dans le texte.
- ✔ Réduire au minimum le nombre de notes, et les placer en notes de fin selon le système de référencement Word.
- ✔ Tous les textes qui ne correspondraient pas aux critères linguistiques standards et aux exigences de rigueur critique seront renvoyés aux auteurs pour adaptation.
- ✔ Une attention particulière devra être portée à la ponctuation : guillemets français, majuscules accentuées (État, À partir de, Égypte, etc.) et à un usage modéré des majuscules conformément aux règles typographiques.

Référence : Collectif, *Lexique des règles typographiques en usage à l'imprimerie nationale*, Imprimerie Nationale, Paris, 2002.

Les articles signés expriment la seule opinion de l'auteur et ne sauraient engager la responsabilité de la revue.

Sécurité Globale | N°26, nouvelle série | N°52, série originale

Revue trimestrielle | © Editions ESKA 2021

ISSN : 1959-6782 • ISBN : 978-2-7472-3208-1 • CPPAP : 0921 T 90246

Imprimé en France

Sommaire

N° 26

DOSSIER

Terrorismes : apparitions, évolutions – incertitudes

Chroniques et rubriques

Dossier

Terrorismes : apparitions, évolutions – incertitudes

Naissance et expansion du Djihadisme au Sahel, impressions et ressenti d'un cinéaste

Thomas FISCH[1]

Pas une semaine ne passe sans que la presse ne relate une attaque terroriste au Mali, au Burkina Faso ou au Niger. Dans un espace géographique que les spécialistes appellent la bande sahélo-saharienne.

Le grand public se souvient encore du meurtre des six humanitaires français au Niger, lorsqu'ils visitaient la réserve de girafes de Kouré, à 60 kilomètres au sud-est de la capitale Niamey. C'était en aout 2020. L'attaque fut revendiquée par l'État Islamique.

Un an plus tôt, le 1er juillet 2019, des bandes armées venues du Mali voisin s'en prenaient à la caserne d'Inates, dans la région de Tillabéry, à l'ouest de Niamey. Officiellement, les autorités dénombraient 18 morts parmi les Forces armées nigériennes.

Cet évènement avait profondément choqué l'opinion nigérienne. Elle semblait enfin réaliser combien la menace djihadiste était sérieuse tant elle se rapprochait dangereusement de la capitale et n'était plus contenue aux marches du pays.

Sous le terme de «bandes armées», ou «groupes armés terroristes» (GAT en langage militaire) se cache une multitude d'individus aux motivations les plus diverses. Adeptes d'un marketing de la terreur, ils ont chacun leur étiquette, leur marque d'affiliation :

AQMI, EIGS, GSIM, ISWAP... autant de sigles et d'acronymes pour autant d'idéologies et de programmes politiques différents. Leur seul point commun est de mener une guerre sainte au nom d'un Islam rigoriste et intolérant. Ces groupes se sont regroupés, puis renommés, mais il y en a principalement trois, réunis selon des critères ethniques et historiques.

Al-Qaeda au Maghreb Islamique. Depuis que Abdelmalek Droukdel, l'émir d'AQMI a été tué par l'armée française en juin 2020, Iyad Ag Ali a repris le poste. AQMI est maintenant composé principalement de Touaregs.

Le Groupe de Soutien à l'Islam et aux Musulmans, dirigé par Amadou Kouffa, de l'ethnie des Peuls.

Et enfin, l'État Islamique au Grand Sahara ou DAESH, composé d'Arabes du Mali et dirigé par Adnan Abou Walid Sahraoui.

Parmi ces trois chefs qui dominent l'échiquier djihadiste, certains veulent une expansion du Djihad au-delà des frontières régionales pour l'instauration d'un Califat. D'autres veulent se limiter à un niveau local ou national.

Ils se livrent maintenant une lutte acharnée pour le contrôle de ces territoires et asseoir leur sphère d'influence.

Si les attaques étaient jusqu'à présent d'ordre militaire au Mali, elles visent davantage les civils au Burkina Faso et au Niger. Conséquences de cette insécurité qui n'en finit plus de s'étendre à cheval sur ces trois pays, le nombre de tués en 2019 se monte à 4000, et ½ million de personnes ont dû quitter leur lieu d'habitation selon l'ONU, faisant de cette partie de l'Afrique une poudrière incontrôlable.

Sous la bannière de cet Islam et de la lutte armée se regroupent des Touaregs, des Peuls, des Arabes, des Berrabiches, des Algériens, Burkinabés, Maliens, Nigériens, Sahraouis... Des acteurs aux profils ethniques, culturels et politiques si divers qu'il est compliqué de comprendre profondément la situation.

Bien sûr, il est facile de trouver dans la presse et sur Internet des articles sur le sujet. Certains proposent l'ultime équation pour expliquer l'augmentation des attaques terroristes et les motivations de ceux qui les commettent. Je ne remets pas en cause les connaissances des auteurs de ces articles. Mais je pense pouvoir apporter un point de vue supplémentaire sur la base de mes observations de terrain. Car je voyage dans la bande sahélo-saharienne depuis plus de quinze ans.

En effet, je suis cinéaste documentariste. Pour les besoins de mes films, j'ai parcouru le Mali, la Mauritanie, le Grand Sud de l'Algérie, le Tchad et plus spécialement le Niger. [2] J'ai réalisé plusieurs films sur la culture des Peuls Wodaabe, un des derniers peuples nomades à vivre en brousse. Puis je me suis intéressé aux économies informelles transfrontalières qu'on appelle plus vulgairement « trafics », et comment la chute de Mouammar Kadhafi allait transformer les échanges dans cette région. [3]

Depuis plus de quinze ans, je vois ces sociétés africaines changer, leurs lignes de fractures devenir floues comme sous l'effet d'une brume de chaleur troublant l'horizon. Les histoires de terrorisme et de Djihadisme, je les entends régulièrement de la bouche de mes amis africains. Et ce qu'ils me racontent éclaire d'un jour nouveau une façon de comprendre l'essor de ce phénomène au Sahel.

En effet, le Djihadisme ne peut pas s'expliquer uniquement à travers une grille de lecture occidentale manichéenne, à la seule lumière de l'ethnologie, ni de l'économie, ni de l'écologie. Il est à l'intersection de plusieurs mouvements, identitaires, politiques, historiques... à la fois cause et résultante nihiliste de la rencontre de ces dynamiques.

Le Djihadisme n'est pas nouveau en Afrique. Depuis des siècles, il est agité comme un recours contre l'oppresseur colonial ou contre tout gouvernement jugé comme corrompu. Au 19e siècle, le califat de Sokoto dans le Nord du Nigéria et une partie du Cameroun, ou l'Empire Peul du Macina au Mali ont montré le rôle fédérateur de cette guerre sainte coranique. Ce qui nous tourmente actuellement, ce sont les Djihadistes qui se revendiquent de ce nouvel Internationalisme Musulman, ou Panislamisme. Une de ses factions la plus représentative et la plus connue est AQMI : Al-Qaeda au Maghreb Islamique.

Pour expliquer son expansion, nous devons considérer plusieurs facteurs qui s'entrecroisent sur des décennies.

Dans les années soixante, l'ex-empire colonial français en Afrique est démembré. De nouveaux pays apparaissent sur la carte : Algérie (1962), Mali (1960), Niger (1960), Haute-Volta (1960)...

Au Mali et au Niger, la gestion du pays est transférée aux populations sédentaires noires, déjà instruites par l'ancienne puissance tutrice. Durant l'époque coloniale, il était plus facile pour l'administration française de scolariser et de former des populations par définition attachées à un village ou un espace circonscrit. Le pouvoir est donc laissé aux Bambaras, Songhaïs, Haoussas, Zarmas... dont bon nombre constituait les anciens esclaves des Touaregs, populations nomades du Nord.

Pour ces groupes d'agriculteurs ou de marchands, c'est une revanche offerte sur un plateau après ces siècles de servitude, ainsi qu'une inversion des valeurs et de la société. L'état centralisé nouvellement constitué laisse volontairement les Touaregs et le Nord à l'abandon. Les anciens seigneurs du désert sont marginalisés, laissés sans accès stable aux soins, à l'enseignement, à l'eau... Dans les années 1970 et 1980, plusieurs épisodes de sécheresses vont décimer leurs troupeaux et achever de réduire en poussière leur prestige d'antan. Les jeunes n'auront d'autres choix que celui de l'exil ou de s'engager en Lybie dans l'armée de Kadhafi. Ils en reviendront plus tard, forts d'une expérience militaire qui leur servira à lancer des mouvements de protestations et de rébellions. De 1990 à 1996 au Mali et au Niger, en 2006 au Mali, puis de 2007 à 2009 au Mali et au Niger, et enfin en 2012 encore au Mali.

A chaque fois, des accords de paix sont signés, la situation est stabilisée. Les Touaregs sont intégrés à la société civile, dans les corps administratifs, et parfois jusqu'au sommet des institutions démocratiques. Le tourisme saharien se développe jusqu'en 2006. Le rallye du Paris-Dakar en est le point culminant, sortant de l'oubli les villes d'Agadez, de Tombouctou et de Gao, anciennes étapes caravanières. Les locaux appelleront cette période l'âge d'or du tourisme saharien, pourvoyeur de devises pour leurs familles, et un moyen de s'élever dans l'échelle sociale.

Parallèlement, au nord du Sahara, dans les années 1990, les Algériens partis combattre en Afghanistan aux côtés des Moudjahidines sont rentrés au pays. Baignés dans l'idéologie wahhabite, notamment au contact de Ben Laden. Totalement persuadés de la grandeur de leur combat contre les kouffars et l'apostasie. Là encore, l'expérience des armes va être mise à profit avec la fondation du GIA et plus tard du GSPC.

Ben Laden envoie un de ses idéologues établir des contacts avec différents groupes de combattants musulmans au Maroc, en Lybie, en Tunisie, en Mauritanie et au Mali. La lutte armée prônée par Al-Qaeda essaime à la conquête de l'Afrique. Le GSPC et le GIA sont les «proto-cellules» des groupes djihadistes que l'on connaît maintenant. Leur véritable essor date de 2007, quand le GSPC change de nom pour celui de AL Qaeda au Maghreb Islamique[4].

Pendant tout ce temps, les Touaregs du Mali n'oublient pas leurs velléités autonomistes, et même l'impossible rêve d'une indépendance restée à l'état de projet dans les papiers de Jacques Foccart, le Monsieur Françafrique du Général de Gaulle. Un proverbe dit «Qui veut dîner avec le Diable utilise une longue cuillère». Pour trouver des moyens financiers et militaires nécessaires à leur combat, il est simple de s'allier avec les anciens groupes armés Algériens et d'épouser la cause Djihadiste. Mais le front Touareg s'est depuis divisé au fil des dissensions claniques et idéologiques en anciens djihadistes, en modérés et en radicaux...

Au début des années 2000, les ajustements structurels imposés par les bailleurs internationaux conduisent à la libéralisation et la privatisation de services publics, dont l'éducation. L'école primaire gratuite disparaît presque, laissant aux madrasas ou écoles coraniques un boulevard devant elles. [5]

Lors de mes premiers voyages au Niger, on voyait dans les rues de Niamey des prédicateurs itinérants venus du Nigéria voisin. Il n'y avait qu'une bande de gamins en haillons pour les écouter, rire d'eux et leur jeter des cailloux ou des fruits avariés. Puis, furtivement, un poison a instillé dans les esprits. Les femmes ont revêtu des vêtements pour couvrir leurs cheveux et cacher leurs formes. Les bars de plein air où l'on pouvait écouter de la musique et draguer ont fermé les uns après les autres. Les mosquées les ont remplacés, financées par des hommes d'affaires soucieux de se racheter une conduite de bon musulman. Les prêches des imams ont changé eux aussi. L'islam wahhabite importé du Moyen-Orient évinçait l'Islam malékite, implanté ici depuis des siècles, et jusqu'alors garant d'une certaine tolérance.

En 2009, j'arrivai au Mali. Bamako était alors l'une des capitales les plus festives et dynamiques du continent. La culture, la musique, la mode, s'y écrivaient tous les soirs. Depuis, la musique s'est tue, les haut-parleurs ont été démontés à l'exception de ceux des mosquées. Là aussi, leur nombre a augmenté exponentiellement jusqu'à ce qu'il n'y ait plus ni bars, ni discothèques, ni d'endroits où apprécier la vie. Les adeptes du Wahhabisme ont imposé leur silence obscurantiste sur la ville.

Face à un état défaillant qui ne remplit plus son rôle de protection des plus défavorisés ni la continuité des services publics, le religieux apporte une contribution vue comme valable, voire précieuse pour la société. Un agrégateur de rancœurs et un vecteur de paix sociale pour des populations pauvres perméables à son message.

Le Djihadisme se nourrit de la pauvreté. Il y recrute ses soldats.

Depuis la fin de la rente caravanière, la destruction de la filière du coton au Mali, et un exode rural massif, la principale source de revenus réside dans une économie de subsistance et de petits boulots du secteur informel. Vendeurs de cigarettes à l'unité, couturiers ambulants, cireurs de chaussures, voleurs de motos et chercheurs d'or.

Car il y a de l'or sur toute la bande sahélienne. Souvent, les sites d'orpaillages sont illégaux ou tout juste tolérés par les autorités. Des milliers de personnes se retrouvent à creuser à la recherche de leur fortune. En 2018, le gouvernement du Niger a fermé ces mines et a mis au chômage technique un paquet d'orpailleurs. Sous la pression de l'Union Européenne, au prétexte que ces endroits étaient un point de passage pour les migrants illégaux qui continuaient ensuite à travers le Sahara et la Méditerranée.

Que faire alors sinon revenir à une ancienne activité criminelle, rester chômeur ou aller grossir les rangs des combattants islamistes. Parce qu'avec la promesse de 100 dollars par mois, une kalachnikov, une moto et un plein d'essence, vous êtes prêts à rallier n'importe quelle cause. La rhétorique du Djihadisme comble un vide existentiel, religieux et économique auprès des jeunes générations.

Autre base de l'économie, le commerce transfrontalier : la contrebande de cigarettes, d'essence, d'armes. En 2012, je suis parti filmer les petits trafiquants d'armes dans le sud du Niger, aux frontières du Tchad et du Nigéria. C'étaient surtout des éleveurs Peuls, des nomades. Ils m'ont raconté trois choses. La première : leurs besoins en armes étaient motivés par des tensions ethniques avec d'autres groupes, sédentaires ceux-là, et contre les voleurs de bétail. La deuxième : la chute de Kadhafi en Libye six mois auparavant avait bouleversé les routes traditionnelles des trafics et les armes automatiques commençaient à inonder le marché noir. La troisième : à cause du changement climatique, de la raréfaction des pâturages et des puits, la concurrence était rude avec les sédentaires. D'où des conflits entre différentes ethnies pour des ressources de plus en plus limitées.

Se jouant de frontières poreuses sur un territoire immense et impossible à contrôler totalement par des gouvernements défaillants, le Djihadisme a construit son assise locale sur ces trafics. Il prélève une taxe sur chaque convoi. Cigarettes, essence, drogue, denrées alimentaires... Et tout le monde en profite, certains groupes Touaregs, ou des fonctionnaires d'états corrompus. Mokhtar Benmokhtar, figure historique du GIA puis de AQMI s'est enrichi grâce à la contrebande (d'où son surnom de Mister Marlboro) puis ensuite dans la prise d'otages contre rançon. Réfugié au Mali, il s'est marié avec une femme de la puissante tribu des Berrabiches. Ainsi, il s'est assuré leur soutien indéfectible et leur intérêt dans ses trafics.

A Tombouctou, en 2009, des amis s'amusaient à me raconter l'histoire de « Air cocaïne ». Un Boeing 727 avait atterri avec une cargaison de cocaïne sur le site de Sinkrébaka, en plein désert, à 200 kilomètres au nord de Gao. L'affaire avait fait la une des journaux. L'avion avait été loué au Venezuela, immatriculé en Arabie saoudite, et volait avec une licence de Guinée-Bissau. Le chargement vidé sur des camions, certains escortés par des hommes en uniformes, il avait pris ensuite la direction des côtes méditerranéennes avant d'arriver en Europe. Forcément, les groupes armés djihadistes avaient pris une commission au passage.

L'enquête avait été étouffée par l'état malien. Quelques hommes politiques haut placés étaient impliqués. Mais on savait quand même que plusieurs vols s'étaient déroulés entre la Colombie et le Mali.

C'est aussi ça la mondialisation : la consommation croissante de cocaïne en Europe a permis la création de nouvelles voies d'approvisionnement par l'Afrique et l'enrichissement de nombreux intermédiaires dont des cellules djihadistes.

Depuis, les types de trafics se sont diversifiés. Les plus lucratifs restent les otages et les migrants clandestins. Chaque maillon de la chaine prend sa commission. Et les négociateurs pour la libération de prisonniers n'agissent pas seulement par bonté d'âme. En 2010, on estimait la fortune d'AQMI accumulée à 150 millions d'Euros, grâce aux rançons, entre autres. Un pactole qui permet l'achat d'armes, et le silence de bien des personnes.

Les politiques étrangères de nos gouvernements, les injonctions des bailleurs de fonds internationaux, la mondialisation, la mauvaise gouvernance des élus locaux, le réchauffement climatique, la raréfaction des ressources pour les éleveurs et les cultivateurs et les rivalités communautaires font le lit du Djihadisme au Sahel.

En lui-même, il se sert de ces facteurs. Il offre une illusion confortable à des populations n'attendant plus rien d'un état centralisé qui les a abandonnés. Il propose un semblant d'ordre et l'expérience transcendantale d'appartenance à la Oumma, la communauté musulmane.

Engagé dans une guerre asymétrique contre les militaires de plusieurs armées nationales, se nourrissant de rancœurs anti-impérialistes, s'appuyant sur de petits groupes criminels, excitant les tensions interethniques, il s'étendra sûrement. Ben Laden avait bien insisté sur la nécessité de gagner les cœurs et les esprits à sa cause.

Mais selon moi, il ne réussira pas à unifier les différents groupes ethniques du Mali, du Burkina, Nigéria, ou Niger...

On a dit du Malien Amadou Kouffa et de son Front de Libération du Macina qu'il allait rallier à lui tous les Peuls de la sous-région. J'ai des doutes.

Amadou Kouffa, de son vrai nom Amadou Dialo, ne défend que les intérêts de sa communauté, les éleveurs peuls du Mali. Même s'il possède une image de justicier auprès d'eux, il n'est pas pour l'expansion du Djihad et la destruction de l'état malien.

Depuis ses premiers prêches enregistrés sur cassettes et qui passaient sous le manteau, il a ramené à lui les éleveurs nomades brimés par les milices des agriculteurs sédentaires. Avec eux, il a fondé le Front de Libération du Macina, en hommage à L'Empire Peul du Macina du 19e siècle. Puis à mesure que son pouvoir de nuisance grandissait, il l'a renommé Groupe de Soutien à L'Islam et aux Musulmans pour avoir plus de visibilité.

Amadou Kouffa a bien tenté d'envoyer des émissaires au Niger, notamment dans la ville de Ingall, pour enrôler les Peuls de la région. En vain. Les forces de sécurité les ont interceptés.

Le système politique théocratique voulu par ces djihadistes se heurtera tôt ou tard à l'impossibilité d'exercer un contrôle absolu sur les groupes nomades. Toujours prompts à bouger pour chercher de nouveaux pâturages pour leurs bêtes, les nomades ont souvent fait fi des religions trop contraignantes. Comme le décrit Ibn Khaldun [6] à la ville correspond l'empire de la contrainte, les citadins sont davantage soumis au pouvoir et à ses institutions. C'est un espace délimité et facile à réguler, un lieu où une police des mœurs, une police islamique, peut s'exercer.

Les nomades vivent sans remparts ni portes. À cause de leur mobilité, ils échappent à une société « policée » avec un contrôle absolu sur l'individu. [7] Qu'ils soient Peuls Foulbé du sud du Niger ou Peuls Woddabe du Nord, je n'ai vu aucun d'eux embrasser l'islam wahhabite. Ils conservent l'habitude de cérémonies préislamiques comme le Guéréwol, pour les uns, le Soro pour les autres. Le chant, la danse sont des éléments constitutifs de leur identité. Et il n'en est pas un seul qui voudrait y renoncer.

Touaregs ou Peuls, les nomades veulent éviter la dispersion du bien familial en conservant sa transmission directe, quitte à l'admettre par les femmes. Leurs sociétés sont matrilinéaires. Les femmes y ont une place privilégiée qui entre en contradiction avec le modèle de la Charia. [8]

Alors quel avenir pour le Djihadisme en Afrique de l'Ouest ? La crise du Covid a certainement freiné quelque peu son expansion. J'émets l'hypothèse selon laquelle les groupes armés terroristes ont vu leurs finances impactées par la crise économique mondiale et le ralentissement des mouvements de marchandises et de populations.

D'abord, les kidnappings d'Occidentaux contre rançon rapportent moins. Simplement parce qu'il y a moins de cibles potentielles à enlever.

Ensuite, les routes de la drogue sont davantage surveillées et les convois interceptés. Il reste néanmoins les taxes prélevées sur les passages de migrants.

Puis, avec la baisse des cours du pétrole liés à une baisse de la demande mondiale, les soutiens venant de pays du Golfe, qu'ils soient privés ou institutionnels, vont se tarir.

De récents accrochages aux frontières de la Côte d'Ivoire et du Bénin, une tentative d'infiltration dans l'est du Sénégal montre une volonté des djihadistes d'externaliser le conflit au-delà de la bande sahélo-saharienne. Cette poussée descend du Mali et du Burkina Faso vers les régions côtières du Sud-ouest. Elle a pour objectif de chercher un accès à la mer, aux ports de marchandises comme celui de Cotonou et à la piraterie dans le golf de Guinée riche en pétrole et en gaz. À l'instar de Daesh en Syrie qui vivait du trafic de pétrole avec la Turquie.

La nébuleuse djihadiste sahélienne a subi quelques revers militaires face à aux forces Barkhane et Takouba. Pour continuer sa lutte, son approvisionnement en armes et en matériel de communication, elle doit maintenant diversifier ses sources de revenus.

Bien sûr, tout cela ne relève pour le moment que de supposition. Laissons l'avenir tranquille. Attachons-nous au présent et un peu au passé.

L'imposition d'un califat serait une nouvelle forme de colonialisme, puisqu'il s'agit d'un islam rapporté. Il serait cause de régression sociale, économique et culturelle, comme un facteur de dépersonnalisation. Et la jeunesse urbaine de Bamako, Ouagadougou ou Niamey, habituée aux téléphones portables, à Internet, aux réseaux sociaux et à la liberté, ne se laissera pas dominer.

L'histoire a montré que le Califat du Sokoto et l'Empire peul du Macina, construits sur le Djihad au 19e siècle, se sont effondrés après cinquante ans d'existence, victimes de tensions internes, de rivalités et du refus des populations conquises de vivre sous une religion trop stricte. [9]

Aucun empire ne dure, fussent-ils théocratiques. Les mauvais jours finiront.

Notes

1. Après des études de Cinéma à Paris, Thomas Fisch découvre le continent africain avec un premier voyage au Cameroun. Il y observe les rituels d'initiations de sociétés secrètes et les cultes animistes. Un peu plus tard, ce sera la révélation des grands espaces du Sahel et la rencontre avec les nomades. Depuis maintenant plus de 15 ans, ses films documentaires l'ont porté du Sud de l'Algérie au Niger en passant par le Mali et la Mauritanie. Mais c'est dans l'étude des Peuls Wodaabe du Niger qu'il s'est spécialisé, en vivant parmi eux de réguliers séjours sur le terrain.
2. *Le Monde est un Cheval* (2005) et *La saison des Non-Pluies* (2007), films de Thomas Fisch. Diffusion TV5 Monde et RTBF.
3. *Fusils et Amulettes* (2012), film de Thomas Fisch. Diffusion Festival de Namur.
4. Jérôme Lacroix Leclair et Pierre Pahlavi, *L'institutionnalisation d'AQMI dans la nébuleuse Al-Qaeda*, revue Les Champs de Mars n° 24.
5. Aminata Traoré, *L'Afrique humiliée*, éd. Fayard.
6. Ibn Khaldun, *les Prolégomènes.*
7. Wadi Bouzar, *Saisons Nomades*, éd. L'Harmattan.
8. Edmond Bernus, *Touaregs Nigériens*, éd. L'Harmattan.
9. Amadou Ampaté Ba, *l'Empire du Macina*, éd. Les Nouvelles Éditions Africaines.

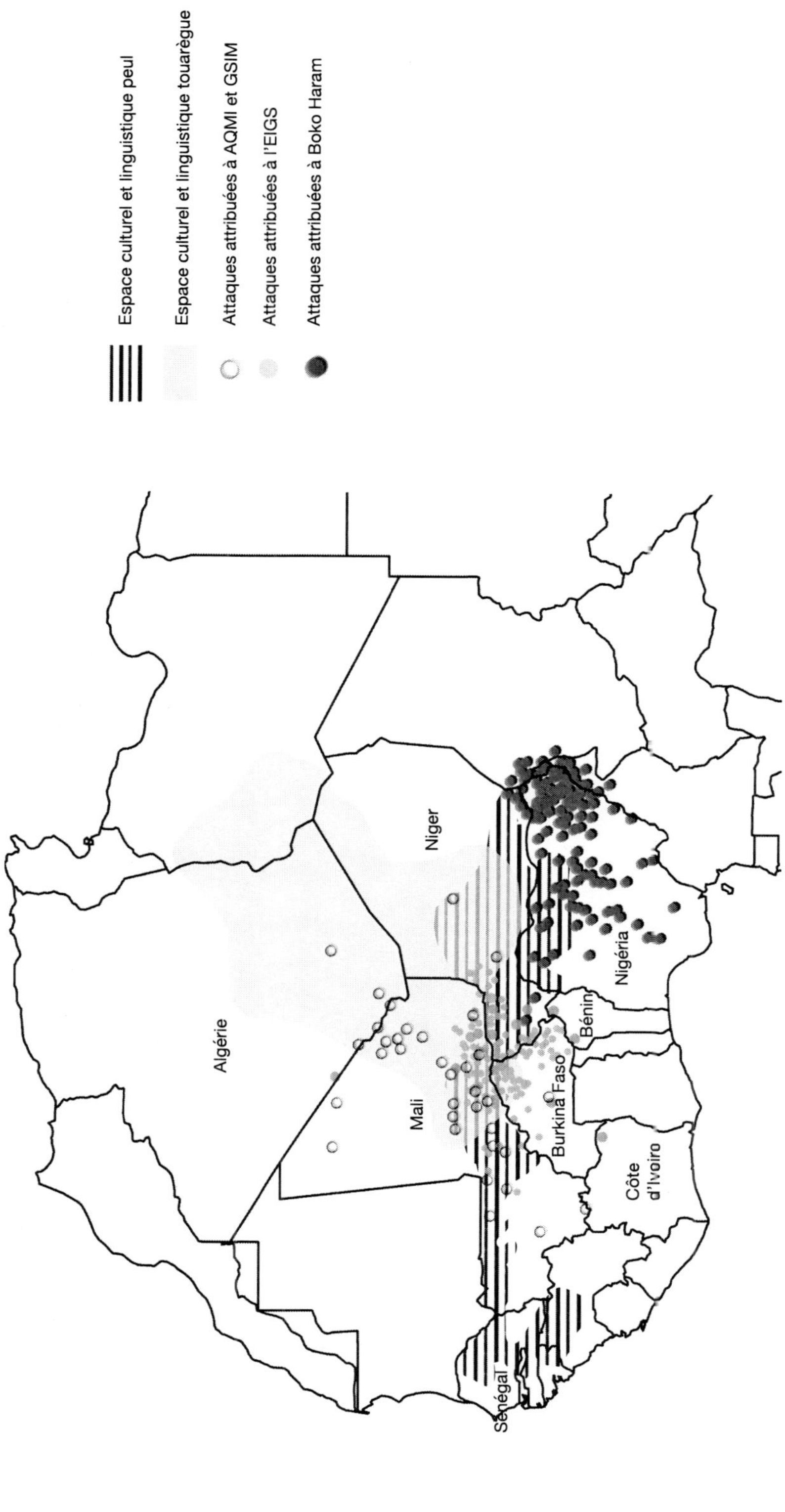
Espace culturel et linguistique peul
Espace culturel et linguistique touarègue
Attaques attribuées à AQMI et GSIM
Attaques attribuées à l'EIGS
Attaques attribuées à Boko Haram
Algérie
Niger
Mali
Nigéria
Bénin
Burkina Faso
Côte d'Ivoire
Sénégal

Le terrorisme au Brésil : réalités, évolutions et incertitudes

Hervé THÉRY[1] *et Daniel DORY*[2]

Prendre le Brésil comme objet d'une recherche sur le terrorisme peut sembler étonnant au premier regard. En effet, ce pays figure rarement dans l'actualité consacrée à cette forme de violence (principalement) politique ; et comme on le verra la *Global Terrorism Database* (GTD) inclut seulement 284 incidents de 1970 à 2018. Pourtant, et en partie en raison de cette réalité, l'étude de ce pays permet de développer une réflexion sur plusieurs thèmes d'une énorme importance pour les études sur le terrorisme. Tout d'abord le cas brésilien permet de s'interroger sur la nature et la qualité des données contenues dans la GTD et sur les critères d'inclusion et de recueil des incidents qui la caractérisent. Ensuite, les données brésiliennes obligent le chercheur à affronter deux problématiques essentielles concernant la spécificité du fait terroriste : la distinction entre terrorisme et guérilla (rurale et urbaine) ; et la difficile question du lien (ou articulation) entre terrorisme et criminalité. L'étude du Brésil, basée ici sur une démarche qui relève de l'analyse cartographique, débouche alors sur des enjeux fondamentaux pour les études sur le terrorisme, pour autant qu'elle s'inscrive dans une problématique cohérente et renvoie à des hypothèses empiriquement vérifiables.

Sans aucunement prétendre épuiser le sujet, on procèdera ici à une exploration préliminaire du sujet, dont la logique rend compte de l'organisation de cet article. Ainsi, une première partie théorique traitera de la qualité et de la spécificité des données ; suivie d'une brève discussion des limites, parfois floues, entre terrorisme, guérilla et criminalité (organisée). Ensuite, après avoir situé le terrorisme dans l'espace-temps de l'Amérique du Sud, ses différentes manifestations au Brésil seront abordées cartographiquement en fonction d'une périodisation dont les critères seront mis à l'épreuve des données. Enfin, une succincte référence à l'arrière-plan de la violence criminelle (en relation avec les homicides) permettra de fournir une appréciation comparative de la menace terroriste dans ce pays.

Des données incertaines sur des incidents souvent non spécifiques

Toute approche du terrorisme se voulant scientifique gagne énormément à commencer par une saisie de l'espace-temps de ce phénomène. Ce qui suppose d'en construire simultanément des représentations cartographiques adéquates[3], et d'en élaborer une histoire aussi solide que possible[4]. Pour ce faire le recours aux bases de données spécialisées est indispensable, ce qui impose de procéder à des choix de départ et d'entretenir une constante attitude critique en relation avec les critères de sélection des données, la spécificité des incidents (sont-ils « vraiment » terroristes ?) et la complétude des cas retenus. Cette démarche, faut-il le rappeler, n'est pas optionnelle, car de cette clarification préliminaire dépend la validité des résultats, ainsi que la possibilité de les inclure dans des recherches comparatives.

Concernant le choix d'une ou de plusieurs bases de données[5], divers critères interviennent, parmi lesquels figurent l'accessibilité, l'étendue de la période couverte, la compréhension (incluant des événements internes et/ou internationaux), la spécificité (en fonction de la définition qui détermine les choix de codage des cas), etc. À cet égard, et en raison des objectifs de ce travail, on a opté pour la *Global Terrorism Database* issue du centre START (*Study of Terrorism and Responses to Terrorism*) de l'Université du Maryland, qui fonctionne en étroite relation avec le *Department of Homeland Security* du gouvernement des États-Unis[6]. Plusieurs motifs justifient le choix de cette source, par ailleurs la plus utilisée dans les études quantitatives à visée comparative. Tout d'abord le fait qu'elle soit en accès libre[7] ; qu'elle contient des évènements remontant à 1970, sélectionnés en fonction de critères discutables mais suffisamment stables et clairs pour pouvoir en évaluer la spécificité (avec possibilité de filtrer les critères) ; et surtout qu'elle inclut tous les types de terrorisme, interne compris, ce qui pour le Brésil, où les manifestations du terrorisme international sont rarissimes, est un avantage décisif.

Cela étant, dans la mesure notamment où la GTD s'alimente à partir de sources ouvertes issues de la presse locale et internationale, il est nécessaire d'en connaître les limites. Sur ce point on dispose d'études qui permettent d'en évaluer la fiabilité comparée[8], ainsi que la spécificité des actes qu'elle inclut[9]. Par ailleurs, une recherche détaillée concernant l'insurrection naxalite dans l'État indien de l'Andhra Pradesh montre que, si bien la GTD ne mentionne que très peu de cas, leur distribution spatiale correspond dans l'ensemble à celle des autres sources disponibles qui enregistrent davantage d'incidents[10]. On retient donc ce constat, à titre d'hypothèse, pour engager la recherche sur le cas brésilien.

La spécificité du terrorisme par rapport à la guérilla et à la criminalité

Après avoir brièvement traité des bases de données et des précautions qui s'imposent lorsque l'on recourt à elles, il faut maintenant s'intéresser aux données elles-mêmes, c'est-à-dire aux incidents qu'elles répertorient et dont le caractère spécifiquement terroriste est à interroger. Comme souvent les difficultés surgissent, ici encore, de l'adéquation entre des distinctions théoriquement claires et la nécessité de traiter de faits qui le sont beaucoup moins dans le contexte de l'Amérique latine, et spécialement brésilien, du fait de la difficulté de statuer sur la nature de la majorité des incidents.

Ainsi, s'il est (relativement) aisé de distinguer théoriquement le terrorisme (qui s'attaque à *l'identité vectorielle* des victimes), de la guérilla (qui concerne avant tout des *identités fonctionnelles*)[11], les décisions concernant la classification de cas concrets est parfois bien plus difficile. Surtout quand on a affaire à des évènements qui s'inscrivent dans des situations géopolitiques insurrectionnelles de natures diverses, comme c'est souvent le cas en Amérique latine. Et ce, d'autant plus que près de 70% des cas brésiliens inclus dans la GTD sont attribués à des auteurs inconnus. Comme on le verra plus loin, il en résulte une évidente difficulté à départager ce qui relève clairement du terrorisme de ce qui appartient aux domaines de la guérilla (principalement urbaine), en particulier au cours de la première période (1970-1985), correspondant aux gouvernements militaires.

La question épineuse des relations entre terrorisme et criminalité « ordinaire » impose aussi parfois des choix difficiles. Car si, ici aussi, en théorie la distinction motivationnelle du terrorisme (qui vise un résultat politique) de celle de la criminalité (où prédomine l'appât du gain) est aisée à comprendre, il en va autrement lorsque l'on affronte la réalité de certains faits. Le problème que les auteurs anglophones appellent le *crime-terror nexus* ayant suscité une abondante littérature[12], peut s'appréhender à partir de diverses perspectives. D'abord, à un niveau de généralité maximale, on peut schématiquement distinguer trois conceptions de la relation entre terrorisme et criminalité : a) exclusive ; b) coopérative ; et c) séquentielle.

La conception exclusive insiste sur la différence radicale entre les entités terroristes, (guère enclines à s'associer avec des criminels, peu fiables comme alliés, sauf en cas de substrat ethnique commun), et criminelles (qui courent des risques énormes en s'aventurant dans le champ du terrorisme, alors que la base du métier criminel consiste justement à « passer sous le radar »). Il en résulte, suivant cette approche, que seuls des échanges ponctuels et éphémères (armes, faux papiers) entre ces deux univers hétérogènes sont envisageables[13].

La conception coopérative, en revanche, insiste sur les convergences possibles entre les besoins des criminels et des terroristes, (sanctuaires, routes de trafics, armes, compétences en matière de clandestinité, etc.), pouvant engendrer des relations parfois stables (en « mode Lego », c'est-à-dire en combinant des acteurs spécialisés différents pour chaque opération criminelle) entre les tenants des deux projets. Ici encore, des liens ethniques et/ou religieux peuvent servir d'utile ciment dans une relation jamais exempte de méfiance réciproque.

La conception séquentielle, incontestablement la plus féconde, a des antécédents qui remontent à la fin des années 1980[14], et a récemment été formalisée à l'aide du graphique suivant, élaboré par l'un des auteurs de cet article[15] :

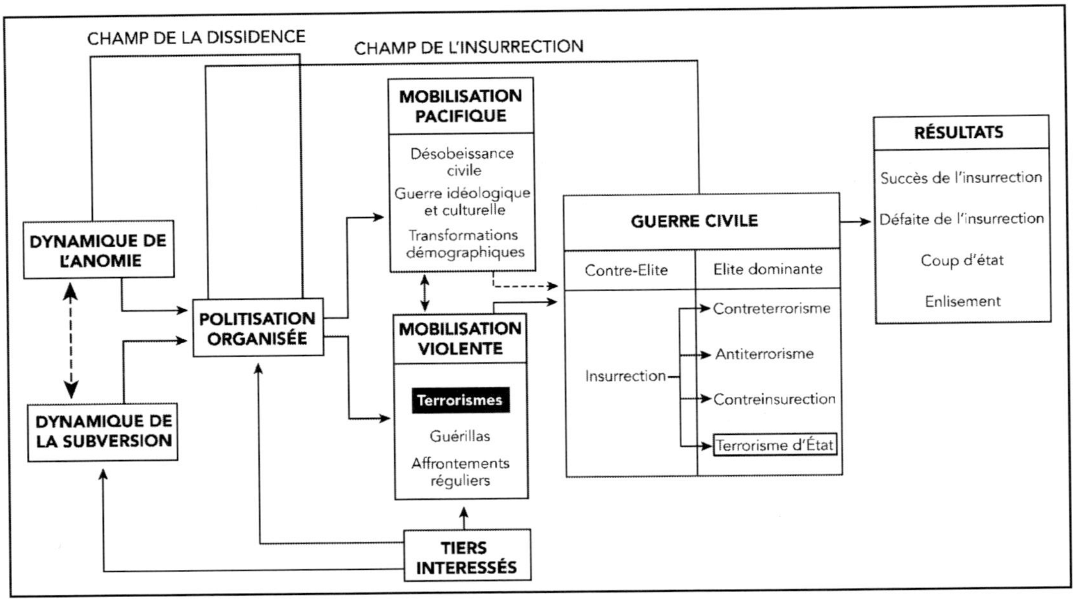

Figure 1. La place du terrorisme en perspective séquentielle, à partir de l'anomie (criminalité) et de la subversion (politisation).

La dynamique qui est ici envisagée opère potentiellement au moins à trois niveaux. Celui des *trajectoires individuelles* d'abord, où le passage de la criminalité de droit commun vers le terrorisme (et parfois l'inverse) est un phénomène plus ou moins courant suivant les contextes. Ensuite, les *trajectoires groupales* s'effectuent entre les deux pôles du continuum évoqué par T. Makarenko sont également assez fréquentes. Pour ne citer que des exemples latinoaméricains les cas des FARC ou du Sentier Lumineux résiduel viennent immédiatement à l'esprit. Le plus souvent, cependant, plutôt qu'à une mutation radicale on assiste à l'apparition d'entités hybrides, dont les caractéristiques sont maintenant assez bien connues[16]. Sachant, toutefois, que ce phénomène n'a rien de nouveau pour qui n'a pas oublié, par exemple, l'ORIM macédonienne ou encore la bande à Bonnot du début du 20e siècle. Enfin, des situations géopolitiques d'ensemble peuvent entraîner des *transformations sociétales* affectant les formes prévalentes de la violence, lorsqu'une transition s'opère entre le champ de l'anomie (où les lois sont violées) et celui de la subversion et de la dissidence de masse (mobilisation pour changer les lois). Ce qui prélude généralement au début d'une dynamique insurrectionnelle. Et le terrorisme, qui est une simple *technique* de communication violente peut prendre place à différents moments (et lieux), et la signification de chaque action variera donc en fonction de la conjoncture qui préside à l'émergence du complexe terroriste issu des interactions entre l'ensemble des acteurs concernés (terroristes, victimes, médias, dispositifs antiterroristes, gouvernement(s), etc.).

Avant d'explorer le cas brésilien et ses enseignements, il est nécessaire de faire un bref détour pour évoquer l'état de la recherche sur le terrorisme en Amérique latine.

Le terrorisme en Amérique latine : bref état des connaissances

Lorsque les *terrorism studies* commencent à se développer dans le monde israélo-anglo-américain, vers la fin des années 1960 et au début de la décennie des années 1970, les épisodes de violence politique liés à la « troisième vague » de Rapoport (la « nouvelle gauche »)[17] sont clairement sur le déclin, et n'intéressent que marginalement la première génération de chercheurs dont l'attention est surtout tournée vers le Moyen-Orient et l'Europe[18]. Il en résulte une faible production d'études d'ensemble sur l'Amérique latine, souvent de qualité assez médiocre[19], et qui, compte-tenu de la nature des dynamiques insurrectionnelles en cours, ne prennent trop souvent absolument pas en compte la spécificité du terrorisme[20].

Cet état de la recherche sur le terrorisme en Amérique latine se poursuit, dans ses grandes lignes, jusqu'à nos jours. Avec la juxtaposition de travaux, parfois excellents, portant sur des cas particuliers (Tupamaros, Sentier Lumineux, Colombie, cartels mexicains, etc.) qui sont peu ou mal intégrés dans des élaborations théoriques cohérentes[21]. Cette situation est d'autant plus regrettable qu'un simple regard sur la distribution spatiale des actes répertoriés dans la GTD depuis 1970 (Fig. 2) permet de susciter d'intéressants questionnements.

Une reprise critique de la littérature disponible, en s'attachant à cerner au mieux la spécificité des actes terroristes (et des complexes terroristes auxquels ils ont donné lieu), est donc indispensable pour pouvoir véritablement intégrer le domaine latinoaméricain aux développements théoriques et méthodologiques que connaît actuellement le champ disciplinaire des études sur le terrorisme. Et pour ce faire, une réévaluation de maints apports historiques est indispensable[22], tout comme la poursuite des trop rares travaux comparatifs disponibles actuellement[23]. Sans oublier, bien entendu la nécessaire systématisation des travaux portant sur les relations entre terrorisme et criminalité[24] ; sujet dont l'intérêt tant théorique que pratique est évident et qui a donné lieu à partir des années 2010 à de nombreuses études portant sur la Colombie (FARC)[25], le Pérou (Sentier Lumineux)[26] et, bien entendu, le fascinant développement des entités criminelles au Mexique[27].

Si on ajoute à ce tableau assez contrasté le fait que les travaux portant spécifiquement sur le terrorisme au Brésil sont extrêmement rares et généralement peu spécifiques, on comprend mieux l'importance des développements qui suivent où, à partir d'une démarche cartographique, nous nous livrons à un premier défrichement de la question. Car malgré le faible nombre des cas inclus dans la GTD, et de la rareté des analyses disponibles, le Brésil offre un intéressant terrain d'observation pour approfondir les relations entre guérilla, criminalité et terrorisme, tout en permettant de poursuivre la réflexion sur la portée et les limites des principales bases de données en matière de terrorisme.

En outre, au cours de la seconde moitié des années 1960 (non incluses dans les données de la GTD) et le début de la décennie suivante le Brésil a été le théâtre de brefs et très localisés épisodes de guérilla urbaine et rurale, sans doute moins importants sur le plan opérationnel qu'en raison de leur héritage doctrinal recueilli dans le *Minimanuel de Guérilla Urbaine* de Carlos Marighella (mort en 1969), dont l'influence a été considérable en son temps[28]. Et quelques décennies plus

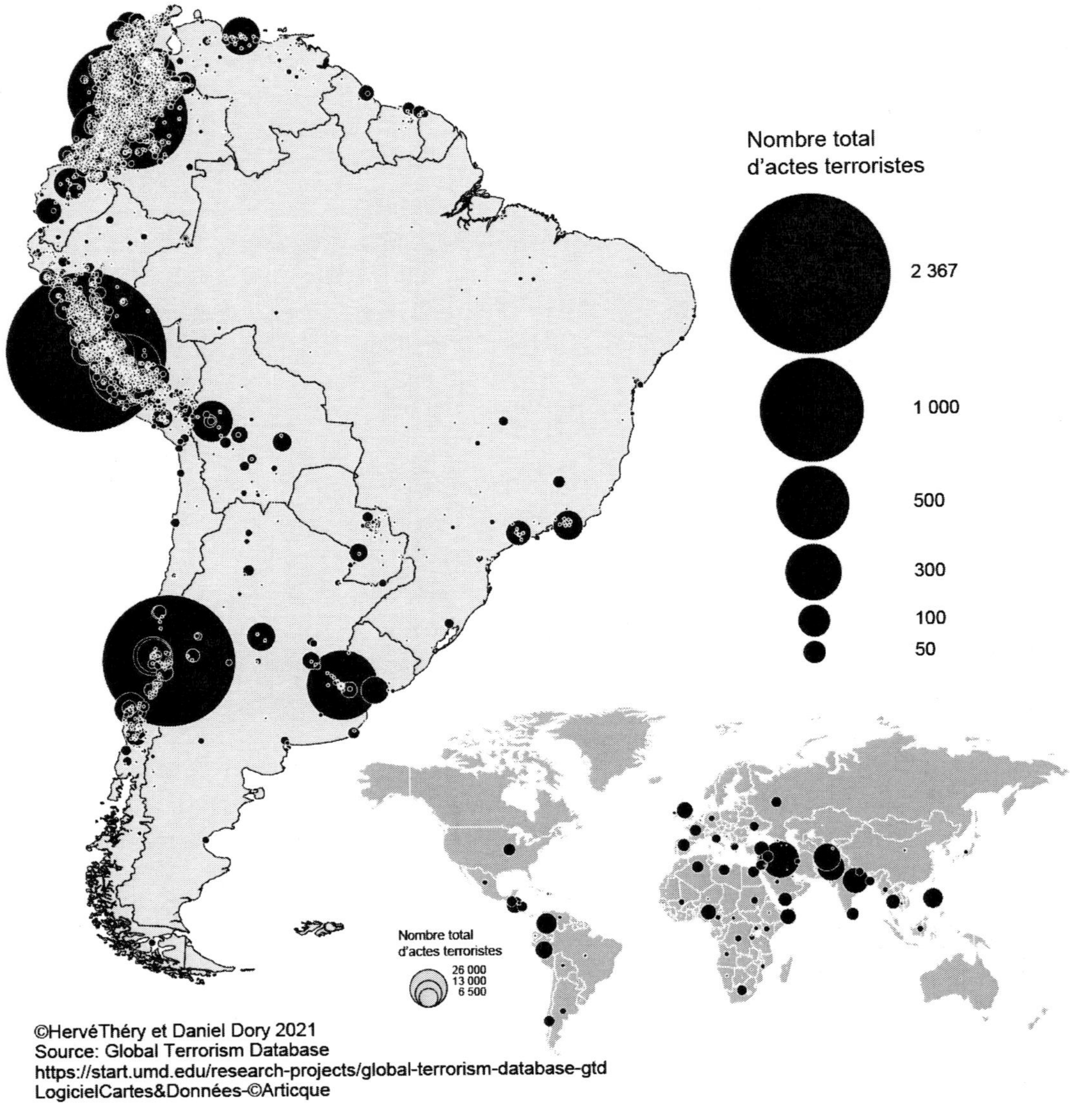

Figure 2. Les actes recensés dans la GTD en Amérique du Sud et dans le monde.

tard, c'est également au Brésil que le recours à des actions terroristes par des organisations criminelles basées dans des prisons (*Comando Vermelho* et, surtout, *Primeiro Comando da Capital*, PCC)[29], vont obliger à enrichir la réflexion sur un objet qui résiste à une simple analyse en termes d'hybridation. Des raisons ne manquent donc pas pour chercher à mieux cerner le fait terroriste au Brésil à partir de sa dimension spatiale, ce que nous entreprenons dans les pages suivantes.

Le terrorisme au Brésil

Comment aborder l'étude du terrorisme au Brésil ? Pour répondre à cette question, on peut examiner les données qui concernent ce pays dans la base de données *Global*

*Terrorism Database (*GTD) et les visualiser par des cartes commentées. Cette base a le (grand) mérite d'exister et de permettre des comparaisons avec les autres pays du monde, mais ne peut évidemment prétendre rendre compte de la diversité des situations locales. En analysant les cas qui y figurent, on peut faire apparaître qu'ils relèvent de plusieurs logiques différentes et construire une typologie qui en rende compte.

Au niveau mondial le Brésil apparaît dans la GTD en situation moyenne, elle y recense 284 cas d'actes répertoriés comme terroristes, ce qui le met en 59e position mondiale, bien loin derrière des dizaines de milliers d'Irak, du Pakistan et d'Afghanistan, et même en Amérique du Sud il vient bien loin derrière le Pérou, la Colombie et le Chili. Si l'on analyse leur répartition sur le territoire brésilien on constate une prédominance – attendue – des deux grandes métropoles, São Paulo et Rio de Janeiro et de leurs banlieues, mais d'autres ont eu lieu dans toutes les régions du pays avec quelques concentrations, en Amazonie ou dans l'intérieur de l'État de São Paulo.

À cette diversité des localisations corespond une diversité des types d'actes selon

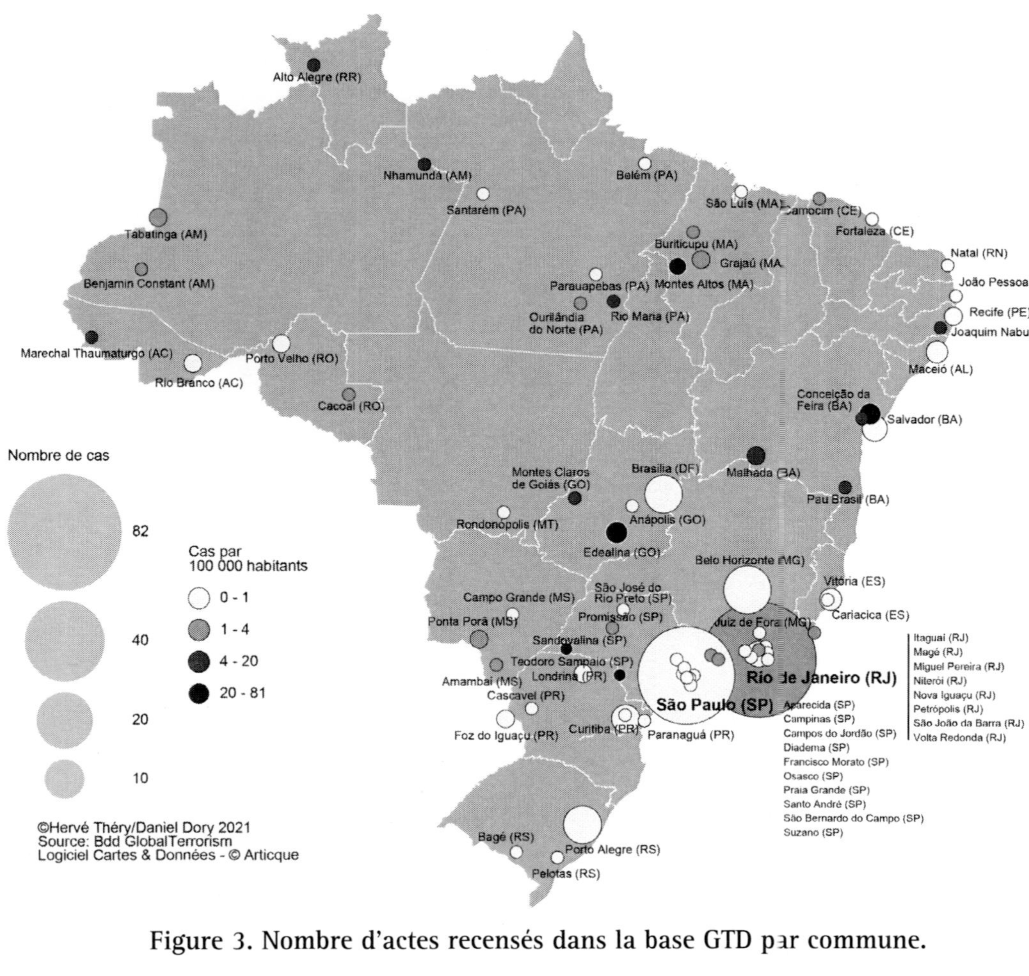

Figure 3. Nombre d'actes recensés dans la base GTD par commune.

les périodes considérées. Au vu de l'histogramme des actes recensés dans la GTD nous avons choisi de les répartir en trois périodes de durée approximativement égale (15, 16 et 15 ans), correspondant à des inflexions de la situation politique brésilienne. La première, de 1970 (début des enregistrements de la base) à 1985, inclut une partie de la période de régime militaire que le Brésil a connue entre 1964 et 1985. La deuxième, de 1986 à 2002, va du retour de la démocratie à l'élection de Luís Inâcio Lula da Silva, une alternance majeure avec l'arrivée au pouvoir du Parti des Travailleurs (PT) ; et la troisième de 2003 à 2018, dernière année disponible dans la base que nous avons utilisée.

Période 1970-1985

La période des gouvernements militaires (1970-1985) n'est pas celle où les

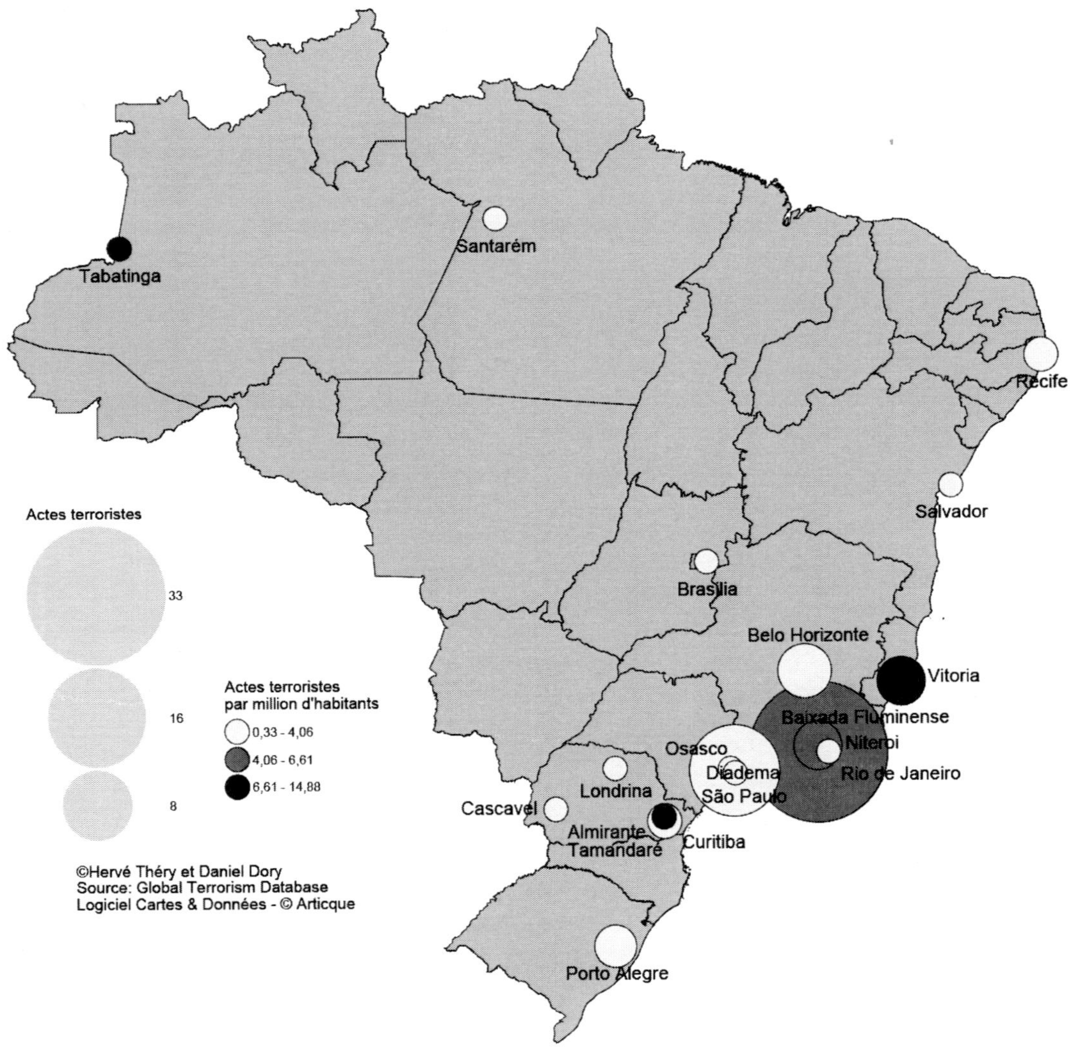

Figure 4. Actes recensés dans la base GTD pour les années 1970-1985.

actes recensés dans la base sont les plus nombreux, elle en compte 79, qui se situent pour l'essentiel dans les deux principales métropoles, Rio de Janeiro et São Paulo et dans des régions reculées du pays où de brefs foyers de guérilla rurale ont vu le jour. S'y détachèrent alors des figures de la lutte armée contre le régime, comme Carlos Marighella (mentionné ci-dessus), l'un des principaux organisateurs de la lutte contre la dictature et considéré comme l'ennemi numéro un du régime. Il a été co-fondateur d'*Ação Libertadora Nacional*, en novembre 1969, et a été tué à São Paulo dans une embuscade tendue par des agents du DOPS (*Departamento de Ordem Política e Social*). Une autre grande figure en a été Carlos Lamarca : ancien capitaine de l'armée brésilienne, il en a déserté en 1969, devenant l'un des commandants de le *Vanguarda Popular Revolucionária* (VPR), une organisation de guérilla armée. Pourchassé par les forces de sécurité à travers le pays, il a commandé plusieurs braquages de banque, monté une guérilla dans la région du Vale do Ribeira, au sud de l'État de São Paulo et a dirigé le groupe qui a enlevé l'ambassadeur de Suisse Giovanni Bucher à Rio de Janeiro en 1970, en échange de la libération de 70 prisonniers politiques. Persécuté pendant plus de deux ans par les militaires, il a été localisé et tué à l'intérieur de Bahia le 17 septembre 1971. Mais bien d'autres actes considérés comme terroristes se sont produits après le retour de la démocratie, avant et après l'arrivée au pouvoir de Luís Inácio « Lula » da Silva et du Parti des Travailleurs (PT) en 2003.

Les actes commis au cours de cette période correspondent assez bien à la définition d'« actes terroristes » (du moins suivant la désignation des autorités du moment) : attentat à la bombe et assassinats, visant principalement le gouvernement ou des diplomates, secondairement journalistes et citoyens ordinaires. Parmi les revendications connues (plus de la moitié ne le sont pas) apparaissent des partis d'extrême gauche ou d'extrême droite mais aussi des « escadrons de la mort » aux orientations politiques moins faciles à cerner. La nationalité des victimes est majoritairement brésilienne, secondairement des citoyens des États-Unis ou de quelques autres pays, en l'occurrence des diplomates victimes de séquestration.

Période 1986-2002

La carte situant les 174 actes recensés pour la période 1986-2002 montre une beaucoup plus grande dispersion spatiale, dans toutes les régions du pays. Les actes les plus nombreux se situent toujours dans les deux grandes métropoles mais d'autres se produisent dans le Nordeste en Amazonie et dans le Sud, principalement en raison des conflits agraires qui se multiplient pendant la période.

La dispersion des actes terroristes sur tout le territoire correspond à une plus grande diversité de types d'actions, des armes utilisées, des cibles et surtout des responsables. La plupart restent inconnus mais parmi ceux auxquels on peut attribuer quelques-uns des actes se mêlent des groupes politiques extrémistes, les FARC colombiennes et le Sentier Lumineux péruvien, des groupes indiens[30], des organisations criminelles, des grévistes ou des paysans sans terre.

Période 2003-2018

La période 2003-2018 ne compte que 31 actes. Elle correspond au passage au pouvoir du Parti des Travailleurs (PT) avec les deux

Tableau 1. Caractéristiques des actes de la période 1970-1985.

Types	Actes	Armes utilisées	Actes
Bombe	30	Explosifs	36
Assassinat	13	Armes à feu	16
Attaque à main armée	11	Incendie	13
Attaque d'infrastructures	11	Inconnu	13
Prise d'otages (kidnapping)	11	Attaque chimique	1
Détournement	1	**Cibles**	**Actes**
Prise d'otages (statique)	1	Journalistes et médias	15
Inconnu	1	Gouvernement (diplomates)	14
		Gouvernement	10
Responsables	**Actes**	Inconnus	9
Inconnus	40	Citoyens et propriétés ordinaires	8
Escadrons de la mort	12	Entreprises	7
Avant-garde Populaire Révolutionnaire (VPR)	5	Institutions et personnalités religieuses	5
Alliance Anticommuniste Brésilienne (AAB)	4	Militaires	4
Commandos de Chasseurs de Communistes (CCC)	3	Aéroports et avions	3
Phalange Nouvelle Patrie (FPN)	3	Institution éducatives	1
Extrémistes de droite	3	ONG	1
Septembre Noir	2	Police	1
Commando Delta	2	Télécommunications	1
Front de Libération de l'Amazonas	1	**Nationalité**	**Actes**
Individus disant être des policiers	1	Brésil	
Terroristes de gauche	1	États-Unis	60
Mouvement du 19 Avril M-19	1	Royaume Uni	10
Terroristes de droite	1	Israël	2
		Chili	2
		Allemagne	1
		Japon	1
		Suède	1
		Uruguay	1

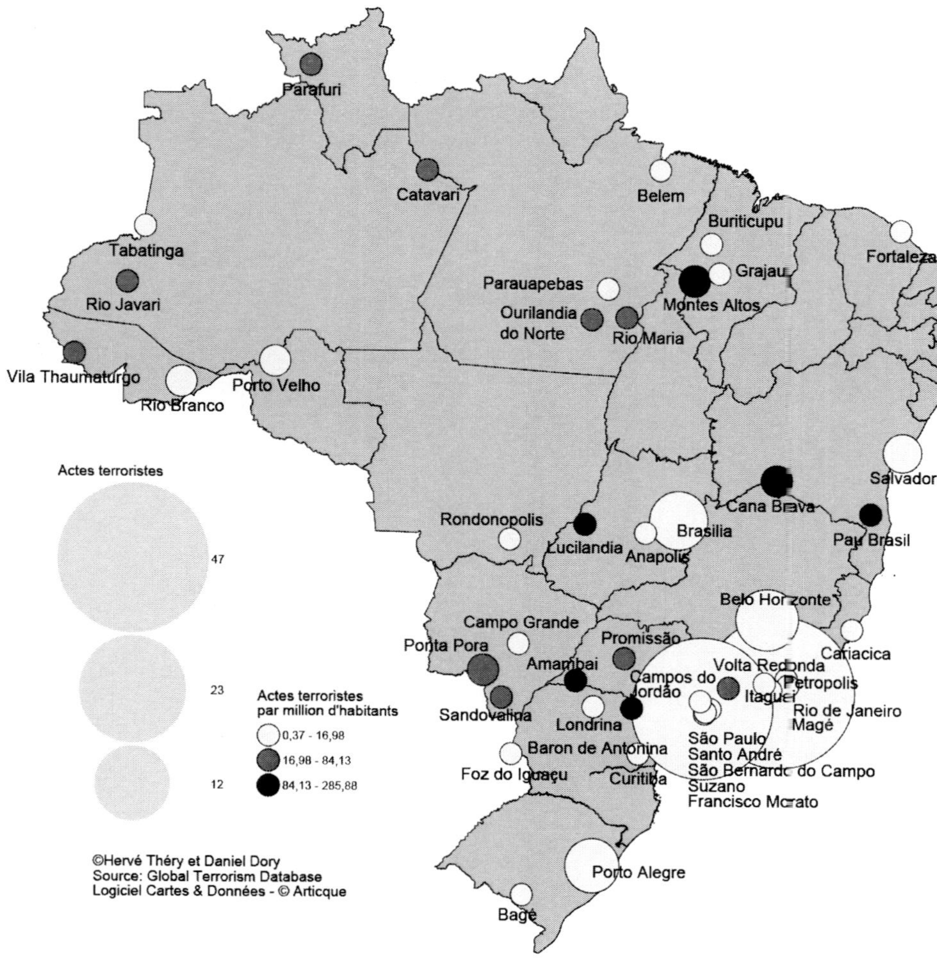

Figure 5. Actes recensés dans la base GTD pour les années 1986-2002.

mandats de Lula puis de Dilma Rousseff (le second ayant été interrompu par sa destitution). Pendant cette période la vie politique a pris un tout autre tour, les mouvements revendicatifs ont beaucoup perdu de leur acuité car beaucoup de ses responsables ont été cooptés au gouvernement ou ont marqué envers lui une très grande bienveillance. Cela se traduit notamment dans la forte diminution des revendications agraires et donc dans la concentration des actions violentes dans les grandes métropoles ou dans leurs environs.

Parmi les caractéristiques des actes de la période, la plus remarquable est que près de la moitié se concentre sur les journalistes et les médias, victime d'une série d'assassinats par arme à feu, commis par des auteurs en général inconnus.

Tableau 2. Caractéristiques des actes de la période 1986-2002.

Type	Actes
Assassinat	46
Attaque à main armée	36
Prise d'otages (kidnapping)	32
Bombe	30
Inconnu	16
Indiens	9
Attaque d'infrastructures	6
Attaque sans armes	4
Détournement	2
Prise d'otages (statique)	2

Responsable	Actes
Inconnu	130
Mouvement des paysans sans terres (MST)	7
Fermiers	3
Extrémistes néo-nazis	3
Grévistes	3
Hommes de main	2
Narcoterroristes	2
Sentier lumineux (SL)	2
Salariés syndiqués	2
Orpailleurs armés	1
Parti du Mouvement Démocratique Brésilien (PMBD)	1
Mafia chinoise	1
Fonctionnaires et syndicalistes	1
Commando Rouge (CV)	1
Escadrons de la mort	1
Terroristes liés au trafic de	1
Manifestants de gauche	1
Groupe de support Palestinien	1
Forces Armées Révolutionnaires de Colombie (FARC)	1
Skinheads	1

Armes utilisées	Actes
Armes à feu	86
Inconnues	43
Explosifs	32
Mêlée	9
Incendie	4

Cible	Actes
Entreprises	51
Citoyens et propriétés ordinaires	38
Gouvernement	32
Transports	9
Gouvernement (diplomates))	8
Journalistes et médias	8
Police	7
ONG	6
Militaires	5
Aéroports et avions	4
Institutions et personnalités religieuses	2
Partis politiques violents	2
Touristes	1
Inconnue	1

Nationalité	Actes
Brésil	138
United States	25
Allemagne	2
Bolivie	1
Irak	1
Japon	1
Nigéria	1
Paraguay	1
Espagne	1

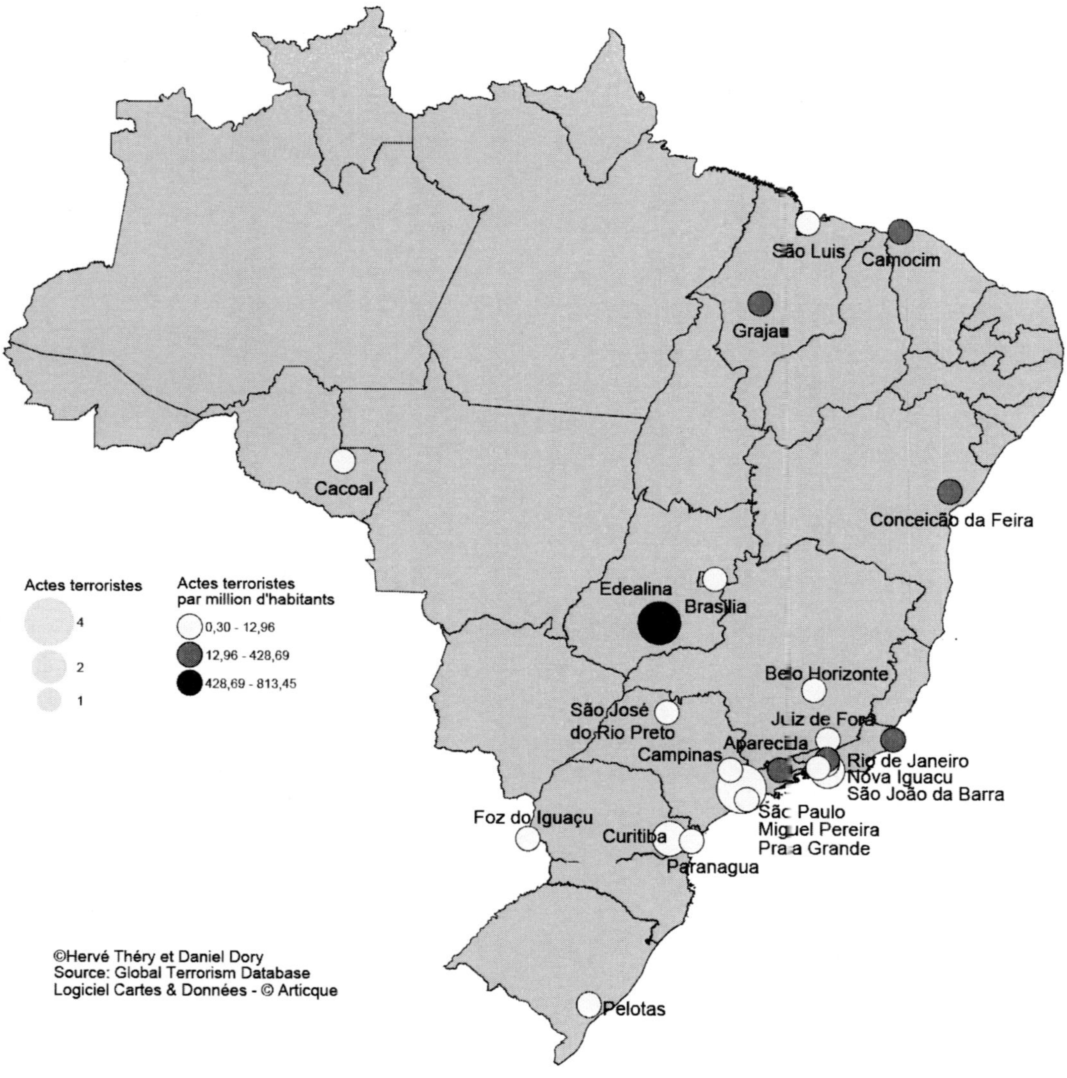

Figure 6. Actes recensés dans la base GTD pour les années 2002-2018.

Une typologie

Pour construire une typologie qui prenne en compte les principales variables de la base de données sur l'ensemble de la période 1970-2018, nous avons choisi d'utiliser une Classification Ascendante Hiérarchique (CAH). Dans ce type d'analyse, des groupes de communes sont formés en fonction de leur ressemblance pour les variables analysées : la représentation graphique qui figure sous la carte donne le profil de chaque groupe en indiquant, pour chaque variable, s'il est au-dessus de la moyenne (barres horizontales vers la droite) ou au-dessous (barres horizontales vers la gauche). Un figuré est attribué a chacun d'entre eux et sur la carte chaque commune reçoit ce figuré en fonction du groupe dont

Tableau 3. Caractéristiques des actes de la période 2003-2018.

Type	Actes	Cible	Actes
Assassinat	13	Journalistes et médias	15
Attaque à main armée	8	Institutions et personnalités religieuses	4
Bombe	5	Entreprises	3
Attaque d'infrastructures	4	Citoyens et propriétés ordinaires	3
Prise d'otages (kidnapping)	1	Gouvernement	2
		Transports	2
Responsable	Actes	ONG	1
Inconnus	27	Police	1
Extrémistes néo-fascistes	2		
Premier Commando de la Capitale (PCC)	1	**Nationalité**	Actes
Extrémistes Propalestiniens	1	Brésil	31
Armes utilisées	Actes		
Armes à feu	19		
Incendie	5		
Explosifs	4		
Mêlée	2		
Armes factices	1		

elle fait partie, appliquée à un cercle de taille proportionnelle au nombre d'actions recensées dans la base de données. La méthode fait apparaître des groupes aux caractéristiques bien distinctes :

- Le premier, qui compte quinze communes, est principalement marqué par des assassinats de journalistes dans la période 2003-2018 ;
- Le deuxième est lié à des conflits fonciers entre membres du mouvement des paysans sans terre (MST) et des grands propriétaires, dans le Sudeste ;
- Le troisième renvoie à d'autres conflits fonciers en Amazonie, se traduisant par des attaques contre la police ou des infrastructures de transport ;
- Le quatrième est celui qui a provoqué le plus de morts et de blessés, toutes causes confondues, particulièrement à Salvador de Bahia ;
- Le cinquième est de loin celui qui est le plus complexe et le plus étoffé, avec 24 cas dans une série de villes, principalement à Rio de Janeiro et São Paulo, sans prédominance nette de telle ou telle variable (correspondant sans doute majoritairement à des actions terroristes réalisées par des organisations criminelles) ;
- Le sixième est caractérisé par l'attaque contre des institutions ou des personnalités religieuses et des infrastructures, au moyen d'explosifs, dans la période la plus récente ;

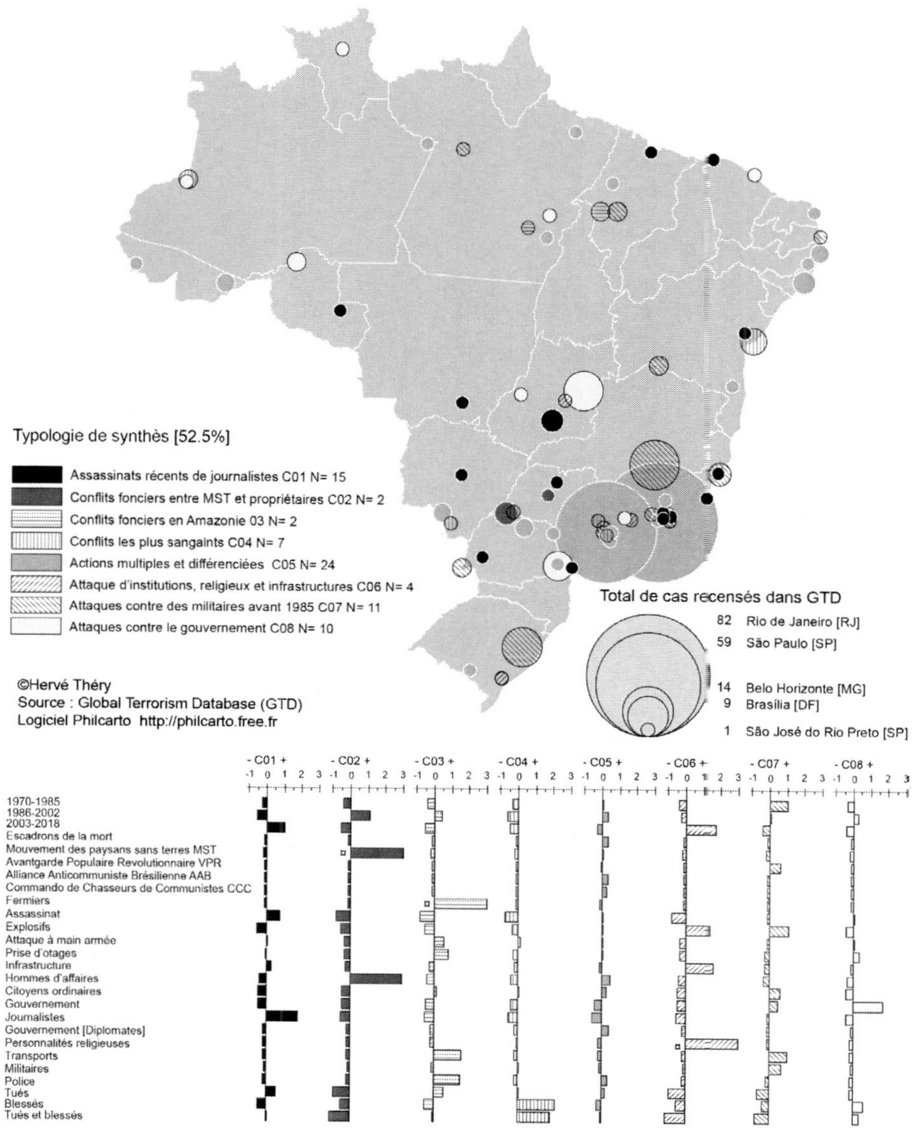

Figure 7. Typologie par commune. Les cas recensés dans cette base sont évidemment bien loin de représenter toutes les violences que connaît le Brésil, et les 213 tués qui y figurent (pour une période de près de 50 ans) sont peu de chose par rapport au nombre d'homicides que connaît le pays, qui ne sont que très minoritairement causés par le terrorisme : ils sont bien plus nombreux et en font l'un des pays les plus violents au monde : dans les données disponibles au niveau mondial, le Brésil vient en 2018 en seconde position avec près de 60 000 morts, dépassé seulement par le Nigéria. En nombre d'homicides pour 100 000 habitants il ne vient certes qu'en seizième rang, mais derrière des pays beaucoup moins peuplés que lui, principalement (à part le Lesotho, le Venezuela, l'Afrique du Sud, le Nigeria et le Mexique) des petits pays d'Amérique centrale des Caraïbes[31].

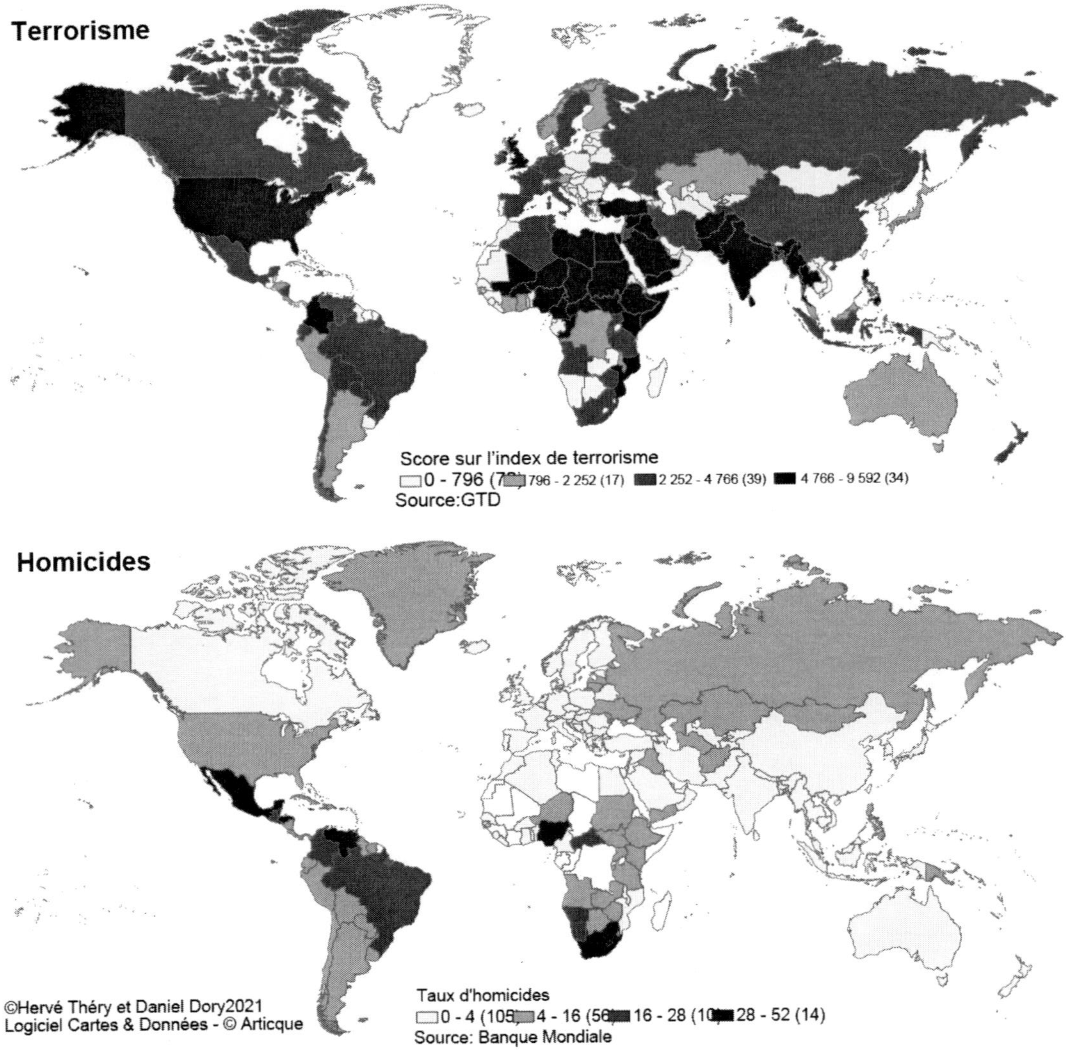

Figure 8. Terrorisme et homicides.

- Dans le septième ces moyens étaient plutôt utilisés contre des militaires, dans la période ils étaient au pouvoir, avant 1985.
- Le huitième et dernier rassemble des cas d'attaque contre le gouvernement provoquant des blessés, assez logiquement centré sur la capitale fédérale, Brasilia, et quelques capitales des États fédérés.

Dans le cas du Brésil, bon nombre d'actions classées comme terroristes dans la GTD, certaines relèvent plutôt de la criminalité, et les homicides de tous types y sont bien plus nombreux que ceux provoqués par de « vrais » terroristes. C'est vrai dans d'autres pays et l'on peut tenter de rapprocher les deux géographies, celles du terrorisme et des homicides pour parvenir à une analyse plus fine de la distribution spatiale des différentes formes de violence meurtrière.

En conclusion, cette analyse cartographique du terrorisme au Brésil à partir de la GTD permet deux ouvertures vers des recherches futures. D'abord, sur le plan méthodologique, la possibilité de combiner une périodisation adéquate avec les représentations cartographiques correspondantes, permet d'enrichir la réflexion géopolitique en s'appuyant sur des données empiriques, sans doute critiquables, mais permettant leur validation d'ensemble. À cet égard cette méthode sera utilisée pour des recherches comparatives portant sur d'autres pays et/ou régions. D'autre part, concernant le Brésil, une sorte de ligne de base des connaissances sur ce sujet est acquise, à partir de laquelle des travaux ultérieurs sont possibles et nécessaires.

Notes

1. Géographe, Directeur de recherche émérite au CNRS-Creda Professeur à l'*Universidade de São Paulo* (USP-PPGH)
2. Géographe, Maître de Conférences HDR. Université de La Rochelle. Spécialisé en études sur le terrorisme.
3. Pour un premier aperçu au niveau mondial : Hervé Théry ; Daniel Dory, « Espace-temps du terrorisme », *Conflits*, N° 33, 2021, 47-50.
4. Cf. Daniel Dory, « L'Histoire du terrorisme : un état des connaissances et des débats », *Sécurité Globale*, N° 25, 2021, 109-123.
5. La plupart des bases de données actuellement utilisables sont présentées dans : Neil G. Bowie ; Alex P. Schmid, « Databases on Terrorism », in: Alex P. Schmid (Ed.), *The Routledge Handbook of Terrorism Research*, Routledge, London-New York, 2013, 294-340.
6. Gary LaFree ; Laura Dugan, « Introducing the Global Terrorism Database », *Terrorism and Political Violence*, Vol. 19, N° 2, 2007, 181-204.
7. Start, Global Terrorism Database (GTD), https://www.start.umd.edu/research-projects/global-terrorism-database-gtd
8. Par exemple : Ivan S. Sheehan, « Assessing and Comparing Data Sources for Terrorism Research », in: C. Lum ; W. Kennedy (Eds.), *Evidence-Based Counterterrorism Policy*, Springer, New York, 2012, 13-40.
9. Wesley S. McCann, « Who Said We Were Terrorists? Issues with Terrorism Data and Inclusion Criteria », *Studies in Conflict and Terrorism*, 2020, (preprint, en ligne).
10. Brandon Behlendorf *et al.* « Peering Through the Kaleidoscope: Variation and Validity in Data Collection on Terrorist Attacks », *Studies in Conflict and Terrorism*, Vol. 39, N° 7-8, 2016, 641-667.
11. Par *identité vectorielle* on entend la capacité des victimes, du fait de leurs caractéristiques ethniques, sociales, religieuses, etc. à transmettre, au moyen de leur victimation, des messages aux différentes audiences que les acteurs terroristes cherchent à impacter par le recours à la violence. L'*identité fonctionnelle* est liée, comme son nom l'indique, aux fonctions que les victimes exercent, le plus souvent dans des institutions étatiques telles que la Police, l'Armée, le gouvernement etc., ou encore dans des organisations politiques et/ou paramilitaires concurrentes ou rivales des entités engagées dans une guérilla. Ces points ont été développés dans : Daniel Dory, « Le terrorisme comme objet géographique : un état des lieux », *Annales de Géographie*, N° 728, 2019, 5-36.

12. Pour une bonne discussion critique : Vanda Felbab-Brown, « The crime-terror nexus and its fallacies », in: Erica Chenoweth *et al.* (Eds.), *The Oxford Handbook of Terrorism*, Oxford University Press, Oxford, 2019, 366-382. Voir également Xavier Raufer, *Géopolitique de la mondialisation criminelle*, PUF, Paris, 2013.
13. Cette perspective est exposée notamment dans : Phil Williams, *Organized Crime and Terrorism*, Latin American and Caribbean Center, Working Paper N° 2/2014, Miami.
14. Voir notamment : R. D. Crelinsten, « Terrorism as Political Communication: The Relationship Between the Controller and the Controlled », in: P. Wilkinson ; A. M. Stewart, (Eds.), *Contemporary Research on Terrorism*, Aberdeen University Press, Aberdeen, 1989, 3-23. Lire aussi: Tamara Makarenko, « The Crime-Terror Continuum. Tracing the Interplay between Transnational Organised Crime and Terrorism », *Global Crime*, Vol. 6, N° 1, 2004, 129-145.
15. Daniel Dory, « L'analyse géopolitique du terrorisme : conditions théoriques et conceptuelles », *L'Espace Politique*, N° 33, 2017, (en ligne).
16. Pour une synthèse utile : Jean-François Gayraud, *Théorie des Hybrides. Terrorisme et crime organisé*, CNRS Éditions, Paris, 2017.
17. Cette troisième vague concerne, suivant cet auteur, la période entre 1960 et 1979 ; mais en Amérique latine l'essentiel des organisations insurrectionnelles qui recourent (parfois) au terrorisme sont défaites vers 1975. Cf. David C. Rapoport, « The Four Waves of Modern Terrorism », in: A. K. Cronin ; J. M. Ludes (Eds.) *Attacking Terrorism*, Georgetown University Press, Washington, 2004, 46-73.
18. Daniel Dory, « Les terrorism studies à l'heure du bilan », *Sécurité Globale*, N° 22, 2020, 123-142.
19. Par exemple : Ernst Halperin, *Terrorism in Latin America*, The Washington Papers, Sage, Beverly Hills-London, 1976.

20. Pour la période antérieure à celle couverte par la GTD, voir : T. P. Wickham-Crowley, « Terror and Guerilla Warfare in Latin America, 1956-1970 », *Comparative Studies in Society and History*, Vol. 32, N° 2, 1990, 201-237. On trouvera, par ailleurs, une étude quantitative peu concluante pour les années 1980-1995 dans : A. E. Feldmann ; M. Perälä, « Reassessing the Causes of Nongouvernemental Terrorism in Latin America », *Latin American Politics and Society*, Vol. 46, N°2, 2004, 101-132. L'étude sans doute la plus satisfaisante sur la première phase du terrorisme dans la région (à partir des années 1960) est celle de Ross E. Butler, « Terrorism in Latin America », in: Yonah Alexander (Ed.), *International Terrorism*, AMS Press, New York, 1976, 46-61. Dans ce texte le terrorisme est toutefois envisagé comme la « colonne vertébrale » de la guérilla, ce qui revient à le priver de toute autonomie conceptuelle et opérative au sein de l'ensemble du processus insurrectionnel.
21. Exemple emblématique de travail inconsistant : Michael Ariza, *Terrorismo en Latinoamérica*, Editorial académica española, (autoédition), Mauritius. 2019. On dispose heureusement de deux synthèses utiles qui permettent de faire le point sur les limites actuelles des connaissances : Jennifer S. Holmes, « Terrorism in Latin America », in : Erica Chenoweth *et al.* (Eds.), *The Oxford Handbook of Terrorism*, Oxford University Press, Oxford, 2019, 559-568 ; Markus-Michael Müller, « Terrorism and insurgency in post-9/11 Latin America », in: David Martin Jones *et al.* (Eds.) *Terrorism and Counter Terrorism in post-9/11* ; Edward Elgar, Cheltenham, 2019, 361-370, (met en œuvre une approche interactionnelle intéressante). Voir aussi : Daniel Dory, « Le terrorisme en Amérique latine : variantes et résultats », *Conflits*, N° 28, 2020, 56-58.
22. Par exemple : Richard Gillespie, « The Urban Guerrilla in Latin America », in: Noel O'Sullivan (Ed.), Terrorism, Ideology, and Revolution, Westview, Boulder, 1986, 150-177.
23. Peter Waldmann, « Social-revolutionary terrorism in Latin America and Europe », in: Tore Bjørgo, (Ed.), *Root Causes of Terrorism*, Routledge, London-New York, 2005, 154-163.
24. Pour un utile aperçu de la littérature récente sur le sujet : David Teiner, « Bibliography: Terrorism and Organized Crime in Latin America », *Perspectives on Terrorism*, Vol. 14, N° 4, 2020, 118-154. Pour une rapide synthèse actualisée sur la question : Alexandra Phelan,

« Revisiting the terror-crime nexus in Latin America: militant proto-state governance and challenges to state security », in: *Counterterrorism Yearbook* 2021, Australian Strategic Policy Institute, Barton, 2021, 67-70.

25. À propos de cette entité, la belle étude comparative suivante ne peut être ignorée : Vera Eccarius-Kelly, « Surrepticious Lifes: A Structural Analysis of the FARC and PKK », in: James J. F. Forest, (Ed.), *Intersections of Crime and Terror*, Routledge London-New York, 2013, 65-88. (Ce volume reprend le numéro spécial de *Terrorism and Political Violence*, Vol. 24, N° 2, 2012).

26. Par exemple : Lewis Taylor, « Sendero Luminoso in the New Millenium: Comrades, Cocaïne and Counter-Insurgency on the Peruvian Frontier », *Journal of Agrarian Change*, Vol. 17, N° 1, 2017, 106-121.

27. Pour une bonne discussion préliminaire de la question : Phil Williams, « The Terrorism Debate Over Mexican Drug Trafficking Violence », in: James J. F. Forest, (Ed.), *Intersections of Crime and Terror*, Routledge, London-New York, 2013, 89-108. Dans le même volume on lira aussi l'intéressante tentative de comparaison de Shawn Teresa Flanigan, « Terrorists Next Door ? A Comparison of Mexican Drug Cartels and Middle Eastern Terrorist Organisations », in: James J. F. Forest, (Ed.), *Intersections of Crime and Terror*, Routledge London-New York, 2013, 109-124. Voir également : Howard Campbell ; Tobin Hansen, « Is Narco-Violence in Mexico Terrorism ? », *Bulletin of Latin American Research*, Vol. 33, N° 2, 2014, 158-173.

28. On trouvera un bon résumé concernant cette période dans : Peter Calvert, « Terrorism in Brazil », in: Martha Crenshaw: John Pimlott (Eds.), *Encyclopedia of World Terrorism*, Sharpe, Armonk, 1997, Vol. 2, 422-425. Le Minimanuel de Marighella est aisément accessible, en différentes versions, sur Internet et dans : Jay Mallin (Ed.), *Terror and Urban Guerrillas*, University of Miami Press, Coral Gables, 1971, 67-115 (sur le terrorisme : p. 103). Pour une opportune contextualisation de ce texte : John W. Williams, « Carlos Marighela: The Father of Urban Guerrilla Warfare », *Terrorism*, Vol. 12, 1989, 1-20.

29. Pour une première approche de ce phénomène complexe : Guilherme Damasceno Fonseca, « The Use of Terrorist Tools by Criminal Organizations: The Case of the Brazilian Primeiro Comando da Capital (PCC) », *Perspectives on Terrorism*, Vol. 14, N° 4, 2020, 64-82.

30. Guajajara, Guaycaipuro, Kaingang, Korubo, Krikapi, Pareci, Pataxo et Terena

31. Hervé Théry « Géographie de la violence », in *Brésil, corruption, trafic, violence, criminalité, vers la fin du cauchemar*, N. Dolo et B. Racouchot eds, 2019, 55-69, Hervé, Théry, « Image de la violence au Brésil », Carnet de recherche *Braises*, 2017, https://braises.hypotheses.org/1240 et Hervé Théry, « Géographie de la violence au Brésil », Spécial Brésil demain, *Sécurité globale* N°16, 2018, 25-37

Faits & Idées

Xavier RAUFER

Régulièrement, Sécurité Globale publie des chiffres et données récents, collectés par sa base documentaire internationale. Vérifiés et recoupés, ils couvrent le champ du crime, du terrorisme et éléments contextuels pertinents. D'où l'objectif et le nom de cette chronique : donner aux lecteurs des faits, pour qu'ils aient (plus et mieux) des idées ; ce, pour enrichir notamment le débat criminologique.

I - SI - FACE NOIRE DE LA «SOCIÉTÉ DE L'INFORMATION»

SI-1 - Cyber-titans et Cyber-crime[1]

À l'origine de l'entreprise de captage de l'expérience humaine par les GAFAM, l'histoire méconnue d'une entreprise américaine innovante des années 1960 - aujourd'hui, on dirait une *startup* - nommé *Simulmatics*[2]. Mais d'abord, ce rappel de l'utopisme des électroniciens-informaticiens des années 1950 ; pour l'un des plus célèbres d'entre eux, John von Neumann, directeur de l'*Institute for advanced studies* de l'Université Princeton, un jour, tout serait prévisible ; les ordinateurs sauraient prévoir le temps et en prime, pourraient le contrôler.

Dans la même veine, *Simulmatics* vise le comportement humain. Grâce à la discipline psychologique *behavioriste* et aux gros ordinateurs de l'époque (IBM, UNIVAC), on modélisera, séquencera des êtres humains ; on pourra mathématiser leurs réactions. Automatiquement, on envoie à tel public des messages ciblés, infaillibles comme des missiles - hop ! Le tour est joué.

Simulmatics contribue ainsi secrètement à la campagne présidentielle de John Kennedy en 1960. Puis le côté arnaque de l'affaire émerge et *Simulmatics* coule sans gloire. La première d'une longue série de cyber-arnaques, fumisteries et escroqueries, comme on le verra.

Filouterie plus récente, celle de *WEWORK*, *startup* brièvement illustre et milliardaire, sorte de réseau social hôtelier pour *geeks* et nomades numériques[3]. L'idée de base : louer à bas prix des immeubles et les débiter en micro-espaces de travail, loués cher à des *startups* ou des précaires. Départ fulgurant, *Wall Street* et la *Silicon Valley* s'enflamment ; en tête Masayoshi Son, milliardaire-gourou de la SoftBank, spécialisée dans l'économie numérique.

Or la «licorne» *Wework* et son patron mégalomane pratiquent bien plutôt la bonne vieille exploitation-aliénation de jeunes informaticiens entassés dans des locaux minuscules, «classique manipulation de la» nouvelle économie' consistant à séduire de jeunes idéalistes, à les exploiter jusqu'à épuisement... en leur faisant miroiter qu'ils participent à une révolution». Là-dessus la COVID-19 ; enfin, la déroute financière.

SMART CITIES, échec sans gloire de Google : cette rubrique a naguère exposé le grandiose projet de *Sidewalk Labs* (filiale d'Alphabet-Google) pour développer en mode futuriste le quartier des docks de Toronto (Canada). Mais au début 2020, la population locale s'enrage et bientôt toute la ville. Mot d'ordre : nous ne sommes pas des rats de laboratoire. En mai 2020, ce projet *Waterfront - Quayside Neighborhood* est abandonné sous un vague prétexte.

DERNIÈRES NOUVELLES DES GAFAM

• À la rentrée 2020 leur capitalisation totale est de ± 7 000 milliards de US$. Au même moment, la capitalisation de tout le CAC 40 français est de ± 1 900 mds/US$.

• Que font les GAFAM face à la pandémie COVID-19 ? Pas grand-chose, l'avis des experts étant qu'alors, l'utilité sanitaire de ces géants a été modeste. On a certes eu droit à l'usuel pathos propagandiste - «La mort de la mort», etc. - mais dans le chaos des débuts de la pandémie, les GAFAM ont été absents.

VISION CRITIQUE DES GAFAM ET DU BIG TECH

Une part grandissante de l'opinion américaine et de ses élus s'inquiète du poids croissant de ces monopoles privés sans contrôle ; de leur pillage éhonté des données du public. Le constat émerge que toujours plus, ces GAFAM, etc., fragilisent et pervertissent :

- Le fonctionnement normal des États-nations,
- Le droit des salariés et des consommateurs,
- la concurrence loyale.

Quelles étaient en effet les promesses de ces géants ?

- Accroître la concurrence et favoriser les échanges,
- Élargir le champ des contacts possibles donc enrichir les fréquentations de chacun,
- Offrir à tous une immensité de savoirs - donc élever le niveau culturel mondial.

Mais la réalité est bien plus sinistre :

- Effondrement du niveau des connaissances,
- Pertes de capacité de mémorisation,
- Explosion des idées perverses, des lubies absurdes ou malfaisantes,
- Domination d'une économie rentière, voire monopolistique,
- Recul de la concurrence,
- Isolement et précarisation des plus modestes,
- Inégalité galopante entre les «villes-monde» et les aires périurbaines / rurales.

LE GRAND RETOUR DE LOMBROSO ?

Des logiciels à la *Big Brother* nommés DEEP (*Disruption and Early Engagement Program*) ou HARPA (*Health Advanced Research Project Agency*) disent pouvoir «prédire» à 80% de certitude, qu'un individu est dangereux, juste en photographiant son visage. «Draguer» par voie d'algorithmes les réseaux sociaux et l'univers quasi illimité des systèmes et objets connectés, permet d'identifier, disent ces apprentis-sorciers, des «pré-criminels» ou des «proto-terroristes». Seul souci : la marge d'erreur des systèmes précités, ou d'autres du même acabit, est cent fois plus élevée pour des visages africains ou asiatiques que pour des Blancs. Si de tels dispositifs entrent en usage dans certains pays développés, le sort des minorités ne devrait pas franchement s'y améliorer...

Cyberattaques exceptionnelles, un rappel[4]

Les deux pires cyberattaques de l'histoire (avant *SolarWinds*, début 2021) furent «I LOVE YOU» et «NOTPETYA», dont nous rappelons ici l'histoire et les ravages.

I LOVE YOU - Le 4 mai 2000, l'étudiant-informaticien philippin Onel De Guzman (23 ans) lâche dans le cyberespace le premier virus connu, à dissémination mondiale. Sur la planète entière I LOVE YOU ravage l'informatique d'administrations et d'entreprises (Pentagone... Ford... Merrill Lynch...) ; *OutLook*, service de mails de Microsoft, est paralysé. Estimation du préjudice planétaire : ± 10 milliards de US$.

Que se passe-t-il ? Chez eux ou au travail, des gens reçoivent un mail intitulé I LOVE YOU. En pièce jointe, une «*Love Letter*». Quand le récipiendaire ouvre cette «lettre», un logiciel malveillant capte tout le carnet d'adresses de son ordinateur et s'y recopie. Ces récipiendaires de second rang ouvrent à leur tour la *love letter* - ainsi de suite. À mesure, I LOVE YOU détruit nombre des disques durs et fichiers qu'il infecte. En 5 heures, il ravage l'Asie, les Amériques, l'Europe ; le lendemain, il fait la «une» des médias du monde.

Or à l'époque, seuls 15% des Français ont une adresse mail sur Internet (27% des Britanniques, 43% des Américains) ; aujourd'hui, le bilan serait bien pire. De Guzman n'a pu être condamné aux Philippines pays qui, en 2000, n'a pas de loi sur le cyber-crime. Extradé aux États-Unis ? Pas plus - l'extradition entre ces pays ne se peut que si une loi analogue y existe. Depuis, le pirate Guzman s'est fait oublier.

NOT PETYA - Le 28 juin est jour de fête nationale en Ukraine. La veille (27/06/2017), le pays subit la pire et plus massive cyber-attaque de l'histoire (avant *SolarWinds*, attaque du début 2021, en cours «d'autopsie»). Nommée NOTPETYA l'arme d'assaut numérique nait du bricolage du précédent rançon-giciel PETYA, amélioré et rendu ultra-puissant par adjonction d'outils de cyber-attaque d'une NSA humiliée, retournés et utilisés contre les alliés de l'Amérique. Le pire de ces outils est ETERNALBLUE, logiciel-espion volé à la NSA (entre autres) par SHADOWBROKERS, équipe de pirates non-identifiés à ce jour.

NOTPETYA infiltre un ordinateur ou un serveur puis accède à son système d'exploitation et y récupère les «mots de passe-administrateurs» ; de là, passe à tous les ordinateurs en contact avec l'original ; capte leurs mots de passe puis envahit tous les contacts du 2e niveau, du 3e, etc. Plus en détail : NOTPETYA vérifie l'absence d'antivirus, coupe-feu, etc. S'il y en a, il les contourne, colonise des mémoires temporaires et évite le disque dur, lui, protégé. Sans cesse, NOTPETYA efface toute trace de son activité des fichiers-journaux du système d'exploitation de l'ordinateur-proie, interdisant d'y trouver des signes du piratage.

«Ver» le plus vif et sophistiqué (jusqu'à la fin 2020), NOTPETYA «sait» se copier-multiplier-répandre seul, rapide comme la lumière ; d'abord en Ukraine, puis partout au monde. On estime qu'il a causé un préjudice mondial de 10 milliards de US$. Des multinationales (Maersk, FedEx, Laboratoires Merck, etc.) sont ravagées. Géant du transport maritime, Maersk voit son réseau numérique mondial détruit, ou hors-ligne, en deux heures. Il doit remplacer *ex-nihilo* 4000 serveurs, 45000 ordinateurs et 2500 logiciels spécifiques. Coût immédiat, de 250 à 300 millions de US$. Merck voit ses 1 500 ordinateurs «carbonisés» en 90 secondes, etc.

Quand NOTPETYA a «colonisé» un ordinateur et vampirisé tous ses contacts, il paralyse son «hôte» en cryptant son crucial MBR (*Master Boot Record*) disque principal d'initialisation, ainsi rendu inaccessible. Dès lors, tout décryptage est impossible ; même si la victime paie la rançon, ses fichiers et dossiers sont irrécupérables.

En Ukraine, le méga-piratage cible MEDOC, logiciel majeur des services publics du pays, interface entre l'administration, le public et les entreprises (80% d'entre elles l'utilisent). Les pirates installent leur «ver» NOTPETYA dans les systèmes critiques de MEDOC, infectant, d'avril à juin 2017, toutes ses mises à jour. Celui qui les télécharge, injecte le «ver» dans ses ordinateurs et serveurs. Dès lors, sans que nul ne le soupçonne, les pirates peuvent récupérer ce qu'ils veulent sur tout terminal contaminé.

Les premiers ordinateurs touchés sont une «rampe de lancement» pour NOTPETYA qui ainsi, rapide comme la lumière, infecte tout réseau mondial accessible. L'attaque dure 3 heures, depuis un serveur en Lettonie, aux références et contacts tous faux ; ensuite abandonné sans nulle trace exploitable. De même, le logiciel MEDOC infecté est détruit et sa version intacte, réinstallée ; là encore, sans trace.

En Ukraine, 10% de tout le parc informatique est détruit dans cette cyber-attaque «la plus destructrice et coûteuse de l'histoire». La poste (qui gère la plupart des services sociaux) perd 70% de ses terminaux ; tous les ministères et services de l'État sont frappés. Un ministre ukrainien dit «fin juin 2017, le gouvernement était mort».

Piratages, données générales[5]

IMPORTANTE DÉFINITION	
EXPLOIT (en anglais)	Piratage réussi d'un système numérique, en profitant d'un «trou» dans son codage.
ZERO-DAY EXPLOIT	Découverte et vente sur le champ d'un *EXPLOIT* «tout frais» (vente le jour même = zero-day).

Nouveauté récente en matière de piratage : la «chasse au gros». Parmi de récentes et dures attaques, celles ayant ciblé : le groupe de bio-analyse Eurofins, préjudice, ± 62 millions€ ; mairie de Baltimore, 18 m$; Altran, 20m€. En janvier 2020, Bouygues-construction se faisait capturer et crypter ses serveurs par des pirates, qui lui ont volé 200 giga-octets de données, avec demande de rançon et menace de divulgation de secrets d'entreprise.

Plus largement et en 2019, 22 villes moyennes ou grandes (Nouvelle Orléans, par exemple) ont été attaquées. Autre tendance récente dans le cyber-crime : divulgation de données sensibles ou de secrets d'entreprises.

Les ravages provoqués mondialement par le cyber-crime (bien plus vastes que les gains des cybercriminels, bien sûr) s'élèveraient ces récentes années de 5000 à 6 000 milliards$ par an (environ 50% du PIB de la Chine). Les revenus annuels-récents du cyber-crime, eux, sont évalués par des chercheurs britanniques (université du Surrey) à ± 1 500 mds$/an[6]. Dont : marchés illicites en ligne, ± 57% du total ; espionnage commercial et industriel, 33% ; rançons : 0,07%.

La scène cybercriminelle reste tout sauf stable et ordonnée : elle reste à l'état de nébuleuse, nécessairement floue et mouvante. En optique, on parlerait de kaléidoscope. Ses réflexes sont quand même classiquement criminels : instinct de meute, opportunisme, prédation. Et aussi, réflexe de clandestinité, pratique de «l'effet de déplacement» ; soumission aux effets de la «loi des rendements décroissants».

Comme dans le monde criminel physique, certains cybercriminels sont proches de leur pays d'origine («bandits patriotes»), ou peuvent devenir (moyennant finances) des mercenaires agissant dans des secteurs, ou visant des cibles où l'État-commanditaire doit rester discret».

CAAS (Crime As A Service) : sur le Dark Net, des entreprises illicites fondées par des pirates fournissent des logiciels malveillants au hacker-amateur ou débutant, par exemples des «rançon-giciels», des tutoriaux, dispositifs d'aides payantes en ligne, etc. Le Darkweb propose aussi un nombre croissant d'»hébergeurs pare-balles» (*bullet-proof-hosters*) acceptant délibérément une clientèle de pirates, pervers sexuels, criminels ; voire, de terroristes. Leurs plateformes clandestines très sophistiquées sont supposées résister aux raids de la police, de la justice - ou d'autres pirates. Car bien sûr, qu'il soit numérique ou physique, le milieu criminel est toujours fort prédateur de ses semblables.

CRYPTO-MONNAIES & CRIME - Leur usage désormais massif tend à diluer leur dimension criminelle. En 2013, estiment les experts, 20% des transactions conduites en Bitcoins, etc., étaient illicites ; on en est à 1% fin 2019 ; 99% des transactions y étant désormais commerciales, ou d'investissement, etc. Début 2020, on compte dans le monde environ 9000 DAB consacrés au cybermonnaies.

Le piratage des plateformes d'échanges des crypto-monnaies décroit aussi : 2018, ± 950 millions de US$ y ont été piratés ; 240 millions en 2019 (en dix piratages).

Piratages, faits récents marquants[7]

MAI 2020 - La crise liée à la pandémie COVID-19 déchaîne les pirates du monde numérique, s'agissant notamment de l'espionnage du secteur de la santé, vols et détournements de propriété intellectuelle, demandes de rançons, etc. ; dans ce seul secteur, on signale 1 200 attaques en janvier 2020 et... 380000 en avril de la même année. La plupart des arnaques, fraudes, etc. liées à COVID 19 s'inspirent de nouvelles, vraies ou fausses transmises par les médias et jouent sur les peurs ou angoisses de populations fragilisées : prêts-bidons... aides factices... faux médicaments... fausses promesses aux travailleurs à domicile... Aux États-Unis 1er trimestre 2020, la firme de cyber-sécurité *Bolster* décompte ± 850000 piratages de type (*phishing*, escroqueries en ligne, etc.) + 30% sur jan-mars 2019. Qui plus est bien sûr, les ordinateurs personnels utilisés chez soi sont enfantins à pirater.

JUILLET 2020 - pour la seule Grande-Bretagne les piratages (médias sociaux, emails, etc.) ont bondi de + 55% en 2019, et les infections (connues) d'ordinateurs par virus, *malwares*, etc., de + 61%. Tout le cyber-crime connu (avril 2019 à mars 2020) dans le royaume : + 23%. En Écosse, un usager d'Internet sur cinq a subi une fraude ou un piratage (virus, arnaque, etc.) dans un domaine où les dépôts de plaintes sont rares. Pour tout le Royaume-Uni, une enquête précise, faite par tests, montre que ± 18% des adultes seulement (et 9% des 18-34 ans...) savent détecter l'ensemble des pièges possibles d'Internet (fausses pages WEB, phishing, etc.)

Piratages graves, de par le monde

En juillet 2020, le *malware* MEOW commence à circuler dans le monde, attaquant et détruisant des bases de données ; or il en existe une multitude sur le *cloud*, d'usage peu protégées. Qui ? pourquoi ? nul ne sait - pas même de demandes de rançons.

Piratages stratégiques, États-Unis[8]

Piratage et vol de données par rançongiciel, de *Westech International*, entreprise d'ingénierie sous-traitant la maintenance d'un système ultrasecret du pays, les fusées à tête thermonucléaire MINUTEMAN-3 à portée de + de 10000 km. En mai 2020 au Japon, piratage de données sur un nouveau missile high-tech.

Le 19 juin, jour anniversaire de l'abolition de l'esclavage dans le pays, des pirates du collectif «*Distributed Denial Of Secrets*) révèlent l'opération BLUELEAKS, plus d'un million de documents volés à 269 forces de polices du pays (dont le FBI...), d'août 1996 à juin 2020 : textes, emails, photos, dossiers personnels de policiers (adresses, emails, téléphones, comptes bancaires, etc.). Les données pillées sont américaines, mais intéressent par ricochet nombre de pays étrangers[9].

Piratages d'entreprises, etc. [10]

PEOPLE - La rançon (en Bitcoins) fut-elle payée ? En mai 2020, un cabinet d'avocat new yorkais assistant des célébrités se fait pirater près de 800 giga-octets de données (contrats, mails, etc.) Dans ses clients : Barbra Streisand, Elton John, LeBron James, Mike Tyson, Rod Stewart, Robert DeNiro, etc. Les pirates à l'œuvre seraient les mêmes que pour Travelex (voir nos précédentes chroniques).

TWITTER - Trois jeunes (18-22 ans, vivant encore chez papa-maman...) des deux rives de l'Atlantique, infligent à *Twitter* son pire piratage (à ce jour). Ayant touché potentiellement 350 millions de gens, ce "canular" au Bitcoin bloque des heures durant le réseau social. Or une telle aventure peut retentir mondialement sur les Bourses et les marchés ; sur la sécurité internationale même. Par accès direct et immédiat à des dirigeants politiques, chefs d'entreprises, journalistes, etc., et dans la présente ambiance de paranoïa, de tels chocs peuvent ébranler des pays entiers - voire, le monde. Parmi les 45 comptes alors infiltrés et contrôlés, des heures durant : Bill Gates, Barack Obama, Jeff Bezos, Elon Musk, etc., tous ces "*verified accounts*" étant soi-disant mis sous surveillance spéciale...

GARMIN - Plusieurs jours durant, les usagers du système global de positionnement n'ont pu accéder à leurs outils de navigation aérienne ou terrestre, du fait d'une attaque du rançon-giciel ZEUS ; si violente que l'entreprise a éteint ses ordinateurs (centres d'appels, assistance-clients, mails, web, communications, au point mort). Idem pour ses montres *Garmin connect*, enregistrant des données de santé.

HONDA - Le groupe japonais (220 000 salariés, 400 sociétés) est attaqué fin mai 2020 par un rançon-giciel : serveurs bloqués, intranet inaccessible, usines paralysées (Japon, Grande-Bretagne, Amérique du Nord, Turquie, Italie, etc.).

BLACKBAUD - est le logiciel (américain) N° 1 du monde anglo-saxon pour les systèmes d'éducation : administration, levées de fonds, management financier, etc. Partant d'un prestataire de services cloud de Blackbaud, une vingtaine d'universités au monde ont subi une attaque par rançon-giciel avec cryptage et vols de données, etc.

Piratages, Europe & France [11]

Il existe en Europe un réseau de super-ordinateurs ultra-puissants, servant à la recherche, le *Paneuropean Supercomputing group*. En mai 2020, on apprend qu'une douzaine de ces ordinateurs géants, installés en Allemagne, Écosse, Suisse, Espagne, ont été temporairement débranchés, car des pirates, s'y étant infiltrés, s'en servaient pour miner (à leur profit bien sûr) des crypto-monnaies, Bitcoins, etc.

L'attaque-Blackbaud a d'abord visé la Grande-Bretagne (Londres, Oxford, etc.). À l'université de York, des milliers de dossiers d'étudiants et d'enseignants sont volés de mai à juillet 2020 : données professionnelles ou portant sur les études ; plus nom, prénom, sexe, date de naissance, adresses personnelle, comptes-mails, téléphones. Les universités britanniques touchées n'ont été prévenues qu'en juillet 2020.

EASYJET - Attaque "hautement sophistiquée", *Easyjet* se fait voler les données personnelles de 9 millions de clients ; détail des voyages, adresses mail ; aussi, cartes de crédit.

BABYLON HEALTH - au Royaume-Uni, dispositif numérique de santé, ± 2,3 millions d'usagers. Au printemps 2020, son système de vidéo-consultations est piraté et un nombre inconnu de ses dossiers médicaux, contenant bien sûr des données très personnelles, sont volés.

VILLE ANGLAISE DE REDCAR - piratée en février 2020, la ville ne revient à une situation quasi-normale qu'en mai. Un trimestre d'écran noir et de salariés au papier-crayon. Tout le réseau informatique est à reconstruire.

FRANCE - Réaction fréquente de déni, d'« experts » français en cas de piratage, cyber-crime, etc. : « ça aurait pu être pire ». Réflexe idiot bien sûr ; ce, devant tout désastre : au lieu de « simplement » détruire Hiroshima et Nagasaki, les bombes atomiques américaines auraient pu projeter le Japon entier dans la fosse du Pacifique, etc.

En 2020, les experts officiels estiment que la moitié environ des entreprises françaises (de toutes tailles) ont fait l'objet d'au moins une tentative de piratage dans l'année. Mairies, usines et entreprises, tribunaux, avocats, magistrats : tous piratés, le plus souvent pour en obtenir des rançons. Plus largement et du fait de la crise-COVID, les fournisseurs d'accès à Internet, hébergeurs de sites, etc., estiment que les piratages ont bondi de +30 à +40%.

En juillet 2020, le Conseil départemental d'Eure-et-Loir a ainsi vu son service informatique paralysé par une violente attaque ; suivie d'une demande de rançon. Aussi, et parmi bien d'autres, l'assureur mutualiste MMA[12], le site de voyages *MisterFly*, l'entreprise d'animation de points de vente CPM, ont été gravement handicapés par des attaques rançongiciels : plus d'accès aux messageries ni aux logiciels.

Bolloré Transports & Logistics, filiale du groupe, a été piraté en mai 2020, depuis un serveur de sa filiale congolaise et a subi un massif vol de données. De suite, les pirates ont donné des preuves du vol et menacé d'une diffusion large de données piratées sur le Darkweb.

PIRATAGE DE DABs - en Île-de-France, Bretagne et Picardie, notamment, des pirates ont pillé des distributeurs de billets en y branchant un boitier s'assurant le contrôle de la machine et permettant à un contrôleur installé à l'étranger de la contraindre à «cracher» tous ses billets. Une vingtaine de DABs ont ainsi été pillés pour un butin de ± 300 000€.

SI-2 - DGSI, la «Davos-Goldman-Sachs-Idéologie»[13]

- **Les riches toujours plus riches**

Monde : (Forbes, mars 2020) Les principales fortunes

Rang	Nom	Pays	Fortune
1	BEZOS Jeff	États-Unis	± 113 $Mds
2	GATES Bill	États-Unis	± 98 $Mds
3	ARNAULT Bernard *	France	± 76 $Mds
4	BUFFETT Warren	États-Unis	± 67 $Mds
5	ELLISSON Larry	États-Unis	± 59 $Mds
6	ORTEGA Amancio	Espagne	± 55 $Mds
7 ex-æquo « "	ZUCKERBERG Mark	États-Unis	± 54 $Mds
10	WALTON Rob	États-Unis	± 54 $Mds
11	BALLMER Steve	États-Unis	± 53 $Mds
12	SLIM Carlos	Mexique	± 52 $Mds
13	KOCH David	États-Unis	± 50 $Mds
14 ex-æquo	PAGE Larry	États-Unis	± 49 $Mds
15	BRIN Sergei	États-Unis	± 49 $Mds
16	BETTENCOURT Françoise *	France	± 49 $Mds
17	BLOOMBERG Michael	États-Unis	± 48 $Mds
18	MA Jack	Chine	± 38,8 $Mds
19	KOCH Julia *	États-Unis	± 38,2 $Mds
20	MA Huateng	Chine	± 38 $Mds

* (famille de...)

(Étude Cap-Gemini) Patrimoine à investir égal ou supérieur à $1 m. (hors résidence principale, biens de consommation et objets de collection) : progression en Europe de la fortune de ces très riches (2019) : Union européenne, + 7% ; France, + 11% (de 635 000 individus à 702 000, de 2018 à 2019) ; États-Unis+Canada, + 10,9% ;

États-Unis - de janvier à mai 2020, Jeff Bezos a gagné 31,3 milliards de dollars (et + 74 mds$ de janvier à juillet 2020) ; Elon Musk, 11,5 mds$; Mark Zuckerberg, 8,7 mds$; Steve Ballmer (ex-Microsoft) 6,9 mds$. Les premiers mois de la crise COVID-19, (mars à juin 2020, ± 42 millions d'Américains ont connu le chômage (et difficultés afférentes). Dans le même temps, la fortune commune des milliardaires du pays a bondi de + 565 mds$ (avec 16 milliardaires de plus).

Plus largement, lors de la CRISE COVID, les inégalités, le chômage et les expulsions explosent aux États-Unis ; et à Wall Street, l'indice boursier Dow Jones s'envole en même temps. Pour les riches : baisses d'impôts, dérégulations, privatisations et toujours plus de richesses dans des mains toujours moins nombreuses ; pour le reste des Américains : écoles délaissées, retraites en berne, infrastructures en ruine.

Royaume-Uni : selon une étude commune de la London School of Economics et de l'Université de Warwick, en incluant (sur

2000-2020), dans la richesse des plus riches leurs gains en capital taxable (plus-value d'un bien vendu plus cher qu'acheté), les 1% les plus riches du pays (environ 500 000 personnes) raflent 1/6e du revenu national et parmi eux, le plus gros gain va aux ± 9 000 individus dont les plus-values sur la période ont dépassé 1 million de £.

France : montant cumulé des 500 principales fortunes du pays, fin 2019 ; + 3%, à 730 milliards d'euros. 1er semestre 2020, progression des fortunes malgré COVID-19 : Bernard Arnault+famille, + 13% ; Mérieux (famille) : + 54%.

La philanthropie factice des milliardaires - Selon une étude de l'université de Chicago (*American Economic Review*, juillet 2020), la «philanthropie» des plus riches est un lobbying déguisé, ces dons non-taxés car dits «d'intérêt public» sont de l'affichage publicitaire, ou un investissement commercial, permettant aux riches d'afficher à peu de frais (voire, sans frais...) leur sens de la «responsabilité sociale».

Corruption des mastodontes bancaires - De 2013 à 2018, le maniaque sexuel «suicidé» Jeffrey Epstein a joui du constant appui de la Deutsche Bank (DB), géant financier parmi les plus putrides et abonné aux entourloupes bancaires. Or dès 2015, DB connaît les crimes d'Epstein, mais continue à faire toutes les opérations financières qu'il demande. À la fin, le *NY State department of financial services* inflige à DB une grotesque amende de $150m, nul de ses dirigeants impliqués (et connus) n'étant nommé ou puni pour ces actes criminels. Entre temps, DB a pratiqué sa routine habituelle : soumission totale... promesses éperdues... archives égarées... actions inexplicables...

Pour les plus pauvres, ça s'aggrave - «Éradication de la faim en 2030» ? De 2014 à 2019, le nombre de terriens mal nourris, etc. augmente de 60 millions. En 2019, 698 millions de gens «ont eu faim» - ± 9% de la population mondiale ; projection sur 2030 : ± 840 millions d'affamés. Insécurité alimentaire, mal ou sous-alimentés : 2 milliards de gens sur terre ; pas d'accès à une alimentation équilibrée : ± 3 milliards (et l'obésité galope...). Où est la marée libérale qui, «en montant, soulève tous les bateaux» ?

- États-Unis : désastre social - Depuis 30 ans, l'espérance de vie n'a augmenté que 3 ans sur 30 ; sinon, stagnation ou recul. Alors que les travailleurs syndiqués y gagnent bien mieux leur vie, ils sont 35% en 1960 et 10% en 2020. Travail annuel en heures (2018) : Allemagne : ± 1 400h/an ; Japon, 1 700h/an ; États-Unis, 1 800h/an. Coût mensuel d'abonnement, téléphonie mobile : France, ± $18 ; Grande-Bretagne, ± $30 ; États-Unis, ± $60.

«Morts par désespoir» : en 2018, 1,4 million de tentatives de suicide, dont ± 50 000 réussis. 2018 : ± 67 000 morts par surdose mortelle de stupéfiants ; 2019, homicides (surtout par armes à feu, ± 15 000). 2019 encore, dans le pays, ± 20 millions de toxicomanes nécessitant une désintoxication ou des prises en charge - et la plupart d'entre eux n'en bénéficient jamais. 2020 : lors du confinement, les surdoses mortelles de stupéfiants auraient augmenté de 30 à 40%.

Comparaison des pays les plus développés (OCDE) : sécurité, coût de la vie, équilibre famille-travail, santé, éducation, joie de vivre : États-Unis, 34e sur 35. Dernier ? Le Mexique.... Dans l'OCDE, les États-Unis sont SEULS à ne pas offrir (niveau national), un jour de congé-maternité. Congés payés nationalement garantis : 10 jours par an...

SI-3 - Les États-Unis, société chaotique[14]

Le pire des futurs possibles - En 2020, l'écrivain anglo-kashmiri Hari Kunzu décrit ainsi le pire des cauchemars qu'il envisage : «Devenus une autocratie, les États-Unis dégénèrent en une marqueterie de juridictions débiles dirigées par des oligarques diversement prédateurs, qui se lancent dans une guerre perdue d'avance avec la Chine ; d'abord froide, puis réelle. Les droits de l'homme y deviennent une lubie dépassée ; l'environnement s'effondre, provoquant des migrations massives et, par contrecoup, l'émergence de brutales dictatures dans les pays riches. Des guerres d'extermination éclatent pour le contrôle de l'eau.

Le plateau du Tibet devient un point chaud mondial. En fondant, le *permafrost* libère des germes pathogènes qui tuent des millions de gens. La vie devient infernale, sauf pour les plus riches. Les pauvres vivent comme des insectes, famine ou travail forcé sous haute surveillance. Une minorité vit sa mélancolique décadence derrière d'épaisses murailles. Quand j'étais jeune et fort, je pensais que tout ça s'arrangerait. Là, j'en suis à espérer ne pas passer mes vieux jours à fouiller les ruines de mon quartier, à chercher des boîtes de conserve périmées».

• *Un pays torturé... par lui-même* - quand un pays plonge dans le chaos, c'est d'usage pour de multiples motifs, plutôt classiques : invasion étrangère (directe ou non), désastre naturel, guerre civile, effondrement économique, etc. Tel n'est pas le cas des États-Unis qui subissent depuis le début 2020 un chaos purement interne et auto-généré. Pour des motifs irrationnels, futiles, byzantins - et incompréhensibles par l'étranger, le pays, sa vie culturelle, intellectuelle, politique et économique, sont pris dans une panique, une agitation incohérente et limite délirante, que rien jusqu'à présent ne semble apaiser.

• *Le désastre néocolonial* - Envers le monde extérieur, Washington s'affirme toujours plus comme «la nation indispensable», supérieure en tout point à toute autre, tenancier des normes mondiales que son exceptionnalisme (*manifest destiny*) autorise par exemple à expédier unilatéralement des forces spéciales, libres de tuer qui bon leur semble, dans cent pays de la planète ; ce, dans le dédain des us et coutumes internationales.

Rien que la «Guerre à la Terreur» a vu l'Amérique dépenser, depuis l'an 2001, de 2 000 à 3 000 milliards de dollars en des aventures dont nul, à l'échelle mondiale, ne perçoit vraiment le bien fondé. À l'inverse, les États-Unis sont devenus hypersensibles à toute attaque ; venant d'usage de pays qui le plus souvent, se bornent à rendre à Washington la monnaie de sa pièce - notamment dans le cybermonde. Pourquoi les États-Unis, et eux seuls, ont-ils le droit d'agir comme un taureau dans un magasin de porcelaines, de multiplier attaques et sanctions, est un mystère que même les meilleurs amis de ce pays peinent toujours plus à percer.

D'autant que récemment, cette pulsion unipolaire-hégémonique croît encore : des textes officiels circulant à Washington[15] exposent la volonté d'anticiper, de neutraliser, d'écraser tout péril pointant à l'horizon ; ce, sans obligations ni limites. Textes dans lesquels l'expression «mettre la Chine en cage» figure expressément.

Le Capitole suit cette politique : en 2020 encore, une proposition bipartisane de supprimer les lois ayant autorisé la *Global War On Terror* (et d'attaquer, depuis lors, 14 pays au monde...) est largement repoussée.

• *L'insoluble question raciale* - En 1980, la population du pays était à 80% blanche ; en 2000, à 70% ; en 2019, à 60%, de 2010 à 2019 inclus, la population hispanique a augmenté de 20% ; la population asiatique, de 29% ; la population noire, de 8,5%.

Homicides de Noirs américains par des policiers - l'Académie américaine des Sciences sociales publie en 2019 un compte-rendu établissant qu'à l'échelle nationale, les policiers blancs ne tuent pas plus de Noirs que ceux issus des minorités ; mais que si les Noirs représentent alors ± 13% de la population, ils sont 26% des victimes d'homicides policiers.

Les Noirs et l'égalité sociale - en 2016, une famille blanche moyenne est sept fois plus riche qu'une noire (la différence s'étant aggravée entre 1983 et 2016) ; cette dernière ayant un revenu moyen inférieur de 60% à celui d'une blanche. Des progrès sont accomplis par ailleurs : 4% de Noirs faisaient des études supérieures (plus de 4 ans) en 1962, ils sont 26% en 2016. Et en 2016, il y a moitié moins de familles noires pauvres qu'en 1966

• *Violences et chaos* - 24 jours de juin 2020, un «bloc» de 6 pâtés de maisons de Seattle (Capitol Hill) est occupé par une nébuleuse *Antifa, Black Lives Matter*, etc. Complice, la mairie «progressiste» leur fournit les blocs de béton pour leurs barricades. Sur place, ces émeutiers - se voulant le modèle des États-Unis de demain - se déclarent libérés d'une «police oppressive» et de la «suprématie blanche». La maire illuminée dépeint la CHAZ (*Capitol Hill Autonomous Zone*) comme «l'expression collective pacifique de notre tristesse et du désir commun de créer un monde meilleur». Voyons plutôt.

Tensions raciales et domination des gangs cagoulés dans la «zone libérée», barricades, viols, braquages, fusillades aux armes de guerre, homicides, pillages, racket de « justiciers » autoproclamés, ni soins ni accès aux secours, police et pompiers bien sûr absents. Les commerçants et habitants du lieu n'accèdent plus à leurs logements et à des boutiques aux vitrines fracassées. 4 blessés graves et 2 morts de 16 et 19 ans, tous Noirs. Dans cette « CHAZ » et alentours, les infractions commises explosent de + 525%.

II - F - FRANCE, CRIME, JUSTICE, ETC.

Contexte, France : sondages sur la sécurité et le terrorisme[16]

Mesures de lutte contre la menace terroriste :

• *Expulser de France tous les étrangers fichés S* : favorables, tous les Français, 89% ; Les Républicains, 96% ;

Rassemblement national, 98% ; La France insoumise, 79% ; Parti socialiste, 81% ; La République en marche, 91%.

- *Déchéance de nationalité des doubles-nationaux coupables de terrorisme* : favorables, tous les Français, 89% ; Les Républicains, 99% ; Rassemblement national, 99% ; La France insoumise, 79% ; Parti socialiste, 82% ; La Rep. en marche, 94%.
- *Restreindre le droit d'asile en France* : favorables, tous les Français, 80% ; Les Républicains, 97% ; Rassemblement national, 97% ; La France insoumise, 51% ; Parti socialiste, 62% ; La République en marche, 91%.
- *Niveau de la menace terroriste* (tous les français) : faible, 4% (LFI, 10% ; PS, 5% ; LREM & Rep., 1% ; RN, 2%) ; élevée, 96% (très... 51% ; plutôt... 45%), LFI, 89% ; PS, 95% ; LREM, 99% ; Rep., 99% ; RN, 98%.

Fractures françaises 2020 (1 030 personnes, du 1 au 3/09/2020)

- La mondialisation est une opportunité pour la France, oui, 40%
- La mondialisation est une menace pour la France, oui, 60%
- La France doit s'ouvrir davantage : oui, 35%
- La France doit se protéger davantage : oui, 65%
- J'ai confiance dans les médias : oui tout à fait, 2% ; oui plutôt, 20% (total oui en 2020, 22% ; en 2018, 24% ; en 2016, 28%)
- Confiance dans les médias, plutôt pas, 44% ; pas du tout, 32%
- Parmi les enjeux suivants, les 3 qui vous préoccupent le plus, à titre personnel :
  - (1) Le niveau de la délinquance : 46% (2019, 28%) *
  - (2) Avenir du système social : 42% (2019, 48%)
  - (3) Environnement : 41% (2019, 52%)
  - ... (5) Niveau de l'immigration : 28% (2019, 32%) **

* Délinquance par parti : RN, 58%, Rep., 72% ; LREM, 49% ;

** Immigration par parti : RN, 64%, Rep., 49%.

Baromètre sur la sécurité des Français

68% des Français se sentent en insécurité (+ 10 points sur janvier 2020) - se sentent souvent... 20% (au plus haut depuis 2016).

88% des Français souhaitent qu'il soit PLUS question de la sécurité dans le débat public (dont BEAUCOUP PLUS, 38%... UN PEU PLUS, 50%... UN PEU MOINS... 9% ; BEAUCOUP MOINS... 2%).

57% des Français sont inquiets pour leur résidence de vacances (+ 10% depuis 2019).

Sécurité au quotidien font plutôt plus confiance au gouvernement, 29% ; plutôt moins, 69% (en juin 2017, plutôt plus ; = 40%).

F1 - Justice et pénitentiaire[17]

• Pénitentiaire : COVID 19 et incarcérations

Avril 2020 : le 16/03/2020, il y avait dans les prisons françaises 72 575 détenus, pour environ 61 000 places ; au 13 avril, on en est à 62 650 détenus (- 9923) dit le directeur de l'administration pénitentiaire, de 119% à

103% de densité carcérale. Pour les seules maisons d'arrêt, la densité est passée de 140% à 116%. Une partie de la décrue est dure à la «promotion d'alternatives à la détention».

Mai 2020 : ± 12 000 détenus de moins ; ± 5 000 libérés «en fin de peine» (remises de peines… sorties sèches) et ± 7 000 «reports d'incarcération». Au 5 mai, on compte 25 détenus et ± 60 gardiens positifs au COVID 19 ; 59 782 détenus pour 61 109 places. Du 16 mars au 6 mai, - 12 793 détenus en moins (libérations anticipées en fin de peine et baisse du nombre des entrées du fait de la pandémie. Les maisons d'arrêt sont encore à 110% d'occupation. À la mi-mai : 13 649 détenus de moins et taux d'occupation des prisons en général, 97%. Fin mai, 58 926 incarcérés pour 61 137 places effectives - 13 649 sur le 15/03/2020 (taux d'occupation, 96%).

S'inspirant sans doute de la médecine soviétique ou de la pratique du lit de Procuste (qui au moins, lui, était un brigand…), le ministère de la justice souhaite le «maintien d'un nombre de détenus correspondant aux places de prison».

Août 2020 (source : CIO Cassiopée) : France entière, nombre de détenus : 60 116 (99% d'occupation) ; maisons d'arrêt, 17 884 détenus. Janvier-juillet 2020, sur mêmes mois 2019, condamnations en général : - 41% (de 223 386 à 132 898) ; condamnations à de la prison ferme - 37% (de 82 814 à 52 021).

1er semestre 2020 : 1er janvier, 70 651 détenus ; 1er avril, 65 300 ; 15 mai, 58 695.

• Justice intimidée

Mai 2020 : prison de Fresnes, sur le parking des gardiens et dans le domaine pénitentiaire même, une meute d'une douzaine de mineurs incendie plusieurs voitures du personnel (même scène déjà en 2018).

Juillet 2020 : prison de Grenoble, rafales de kalach' sur des voitures de la direction ; prison de Borgo, Corse, véhicules incendiés, menaces de mort, noms de gardiens inscrits aux murs.

• Indigence et avortements judiciaires

Mai 2020

- Dijon, un braqueur récidiviste de 32 ans, casier judiciaire considérable, déjà condamné à dix ans de prison, est libéré pour erreur (vénielle) de procédure.

- Paris : deux cambrioleurs arrêtés en flagrant délit au centre-ville, au sortir d'un immeuble avec un sac d'objets volés. Pas de documents d'identité ; se disent SDF algériens ; déjà connus pour faits similaires. L'un des deux, connu sous 8 identités différentes, est armé d'un couteau. Ils sont libérés sans nulle poursuite. Le même jour le même est à nouveau arrêté pour vol de valise à la gare du Nord. Donne encore un autre nom.

Bayonne : deux Colombiens récidivistes, connus depuis 2019 comme membres d'un gang international sont libérés pour vice de procédure (panne d'une caméra pour vidéo obligatoire).

Pyrénées orientales (frontière) un Polonais de 20 ans est arrêté avec 75 kg d'herbe de cannabis dans son camion. Comparution immédiate : relaxé. Pourquoi ? Mystère.

Juin 2020

Bar-le-Duc : un détenu africain de 29 ans se fait conduire à l'hôpital, d'où il s'enfuit sans peine.

Besançon : trois dealers sont arrêtés avec 1,3 kg d'héroïne et une somme importante en espèces. Jugés en comparution immédiate, ils n'ont pas «troublé l'ordre public», donc l'interpellation des gendarmes est illégale. Libérés, les trois bandits applaudissent les juges.

Créteil : un Africain livreur de stupéfiants est arrêté par la BAC. Le parquet estime qu'il s'agit d'un contrôle au faciès (non-respect de l'article 78-2 du Code de procédure pénale) et libère le dealer. Faciès ? Le policier qui a pratiqué l'interpellation est noir lui-même...

Juillet 2020

Alès : deux brutes lynchent trois adolescents pour les voler et filment la scène. Arrêtés, ils écopent d'un rappel à la loi pour l'un, et d'une «réparation pénale» pour l'autre.

Marseille : un Marocain de 36 ans, criminel endurci (14 ans de prison pour trafic de stupéfiants...12 condamnations... poursuivi pour règlement de compte (2 morts et un blessé en 2016). Pour une finasserie, la Cour de cassation le libère et il disparaît.

Grenoble : 8 dealers de Pont-de-Claix sont jugés pour trafic de stupéfiants ne répondent même pas à la convocation. Absents du palais de justice : salle vide, manifestation d'un parfait dédain pour la justice.

Bordeaux : un SDF ivre sème la perturbation dans le tramway. Clandestin sous «Obligation de quitter le territoire français», il pointe un couteau sur un policier qui s'approche et le menace de mort en arabe. Jugé pour «violences volontaires et menace de mort à policier s'étant déclaré comme tel», il est «condamné» à... un rappel à la loi.

F2 – Criminalité enregistrée[18]

Après le confinement, la criminalité repart bien sûr à la hausse. Notamment, dit la présidente de la conférence nationale des procureurs (comprenant les 36 procureurs généraux) : «celle dont les manifestations altèrent le lien social et nuisent au pacte républicain». Décodeurs : les exactions des voyous. Le procureur général de Paris souligne que «la délinquance du quotidien (vols avec violences... cambriolages... violences urbaines) est actuellement dure et violente et dégrade considérablement la vie de nos concitoyens». Ce procureur général en vient même à parler de niveau réel de *criminalité*, mot qui d'usage, écorche la bouche des magistrats. Là-dedans, le souci majeur de Me Dupont-Moretti est «d'éviter le tout-carcéral».

Criminalité enregistrée, les chiffres

Paris, crimes & délits

(Chiffres des faits connus, Préfecture de police de Paris) Juillet-septembre 2020 sur idem, 2019 : vols avec violences, + 2,4% ; cambriolages, commerces et sociétés, + 58%. Pour tout 2019, vols à la tire, + 60%.

Métro+RER (depuis mai 2020, selon le Groupe de Protection-Sécurisation des réseaux, GPSR) «plus de vols, agressions toujours plus violentes».

Mineurs non accompagnés, MNA (Procureur de Paris) : «En un an, sur plus de 500 mineurs supposés, 135 ont été identifiés, dont 122 majeurs (90%). De juillet à septembre 2020, 22% des atteintes à l'intégrité physique sont le fait de ces MNA ; mêmes dates ; 2019, 19%.

Nord-est de Paris, La Chapelle, Goutte d'Or, Barbès : "Entre les trafiquants, les MNA qui se battent entre eux et agressent les passants, les vols… La situation est explosive… «Ici, c'est le Far-West» (associations locales) «Les bagarres visant à protéger les territoires de deal sont chaque jour plus nombreuses… Ce n'est plus vivable».

France entière

Fusillades (meurtrières… intimidation) et règlements de comptes : homicides et tentatives entre malfaiteurs : 2017, 276 ; 2018, 307 ; 2019, 361 ; janvier-août 2020, 304. Aux mêmes dates de 2019, 287. 80% de ces crimes sont liés à des guerres entre trafiquants de drogue. Hors des quartiers nord de Marseille et de l'Île-de-France, des règlements de comptes ont concerné Avignon, Caen, Dijon, Montpellier, Nantes, Nîmes, Perpignan et Rennes.

D'août 2019 à juillet 2020 : homicides, 959 ; coups et blessures volontaires, 265 416 ; vols avec armes (chiffre douteux suite à des manipulations), 7 196 ; vols violents dans armes, 68 657 ; refus d'obtempérer, ± 24 000, ± 1 chaque demi-heure.

Criminalité des mineurs : ils commettent ± 13% des infractions constatées ; 7% des mineurs mis en cause sont connus pour plus de 6 infractions et commettent ± 36% des délits et crimes. Sur ± 234 000 mineurs ayant eu affaire à la justice en 2017, 7% = 16 380 sont des multi réitérants-récidivistes. À 20 infractions, restent quelques milliers de mineurs à peine (le «noyau dur»). Taux de réitération ou récidive à la sortie des mineurs détenus, ± 70%.

Églises catholiques, déprédations, vols, etc. Selon le renseignement criminel/ Gendarmerie (2019) les églises catholiques ont subi ± 1 400 vols, dégâts divers, etc. ; plus restrictif, l'Intérieur recense 1 052 «faits antichrétiens» en 2019, 1 063 en 2018, 1 038 en 2017.

Essonne : juin 2020, procès de bandits ultra-violents des cités locales : ces «professionnels du crime» ont braqué des boutiques SFR et y ont volé des centaines de *smartphones* haut de gamme. Personnel frappé à coups de crosse, victimes traumatisées : «J'ai eu peur pour ma vie… C'était très traumatisant… J'ai pensé à la mort… Je ne peux plus voir une arme»… L'argent volé (préjudice, ± 230 000 euros) a servi à faire la fête, drogue et prostituées.

Victimes de la criminalité : deux cas, en Île-de-France.

Victime directe : juin 2020, Paris XIVe, une dame de 85 ans (retraite : 700 euros par mois) est braquée chez elle par «trois Nord-africains» de 20 à 30 ans. Elle est laissée pour morte, appartement ravagé. Traumatisme crânien, deux fractures du nez, bijoux volés, etc. L'enquête? Les dealers du secteur ont saboté la vidéosurveillance de la résidence.

Victimes indirectes : Paris XIIe, porte de Vincennes : depuis 5 ans, chaque nuit jusqu'à l'aube, va-et-vient... démarrages brutaux... hurlements... proxénètes armés... klaxon... rixes... De 10 à 20 jeunes prostituées déposées en camionnettes par des proxénètes albanais ou issus d'autres pays balkaniques, multiplient les passes (une centaine par nuit) dans des véhicules abandonnés, à même le capot ou au sol. La police est impuissante depuis que les féministes-Gucci et Mme Vallaud-Belkacem ont (loi du 16/04/2016) aboli l'infraction de racolage.

Bordeaux, ravagée par le crime

Origine de la vague criminelle : le procureur de Bordeaux : «Augmentation des violences avec armes sur la voie publique, clairement liées aux mineurs non-accompagnés, ou se disant tels, désœuvrés, sans papiers et SDF... ivres ou sous médicaments... arrachages de bijoux et téléphones... couteaux ou cutters... cambriolages... Refus de prises d'empreintes digitales ou génétiques..., etc.» Ces MNA sont issus «de l'Afrique subsaharienne et du Maghreb». Au 1er trimestre 2020, ils représentent 44% des mis en cause pour crime ou délit (1er trimestre 2017, 8%). Quelle est la logique de l'action de ces MNA ? Une élue locale, chargée de la protection de l'enfance (Actu.fr, 10/08/2020) ils sont «sous la coupe de réseaux mafieux, refusent toute prise en charge... pour la plupart sous addictions fortes».

Voici ce que subit la ville : maisons ou logements squattés par des MNA ou des Géorgiens... passants agressés et dépouillés de leurs téléphones, bijoux, portefeuilles... Policiers hors-service agressés par des voyous qui les ont reconnus... adolescents attaqués et volés... Du 1er juin au 30 août 2020, 38 attaques à l'arme blanche (couteaux, sabres ou machettes). Été 2020 à Bordeaux (Juin-juillet-août) ± 100 agressions et 79 blessés. De mai à septembre 2020, violences avec ou sans armes, + 30%. À la moindre réaction policière à ces exactions, les voyous en meutes déclenchent des émeutes dans les quartiers qu'ils dominent.

Alentours, arrondissement de Blaye, Gironde : total de 583 cambriolages ; de résidences principales (2019), + 56% ; locaux commerciaux, etc , + 30% ; résidences secondaires, + 5,6%.

• France, homicides[19]

Incroyable, mais vrai : en 2021 encore, les statistiques du ministère de l'Intérieur ne comportent nulle ventilation des homicides en diverses catégories - comme cela se fait partout ailleurs en Europe... : par type d'armes... par modes opératoires... par motif, lieu ou contexte. Rien non plus sur les victimes de ces désormais ± 900 homicides par an.

(Source : ministère de l'Intérieur, métropole + outre-mer, juillet 2020) - homicides plus tentatives, de 2010 à 2018 : + 202%, de 2 050 à 4 200.

Meurtres et tentatives de meurtres : 3 547 en 2019, 3 850 en 2020 (+8%)

Meurtres et tentatives de meurtres (sur 100 000 habitants) : 2015 : 4,21/100 000 - 2016 : 4,38/100 000 ; 2017 : 4,60/100 000 ; 2018 : 4,73/100 000 ; 2019 : 5,32/100 000.

Homicides seuls en 2019 : + 9% sur 2018.

Certes déplorables, les homicides impulsifs entre particuliers n'ont nul aspect stratégique. Le plus souvent, ils adviennent entre gens de connaissances, lors d'une crise émotionnelle ou alcoolique. Les «règlements de comptes entre malfaiteurs» sont bien plus problématiques. Ils impliquent une préméditation, des guet-apens, la volonté de chasser un rival ou un concurrent d'un territoire ou d'un marché illicite (stupéfiants, etc.). De mai à septembre 2020, ces homicides concernent seulement des hommes, 17 ans le plus jeune, 42 ans le plus âgé. Victimes et tueurs sont souvent Maghrébins et connus de la police/justice, dans un contexte de trafics de stupéfiants ; aussi, pour vols avec violences, vols avec arme, etc.

La plupart de ces homicides adviennent dans, ou près, des cités hors-contrôle, ou impliquent des individus qui y vivent et y «travaillent». Ces exécutions sommaires prennent d'usage la forme d'embuscades par assassins à moto, scooter ou en voiture, cagoulés ou sous capuche, ciblant leur victime devant chez elle, sur son parking ou près de là où elle sévit. Leurs armes : fusils d'assaut type kalachnikov, ou armes de poing de fort calibre (38 ou 45).

Dans la période étudiée, ces règlements de comptes ont été commis dans, ou autour, de : Ajaccio, Besançon-Planoise, Conflans-Sainte-Honorine (78), Épinay-sur-Seine (93), Grenoble, Lille, Marseille, Massy (91), Montpellier, Orly (94), Nanterre (92), Nice, Nîmes, Paris, Saint-Denis (93), Toulon, Toulouse, Villeurbanne, Vigneux-sur-Seine (91).

• Criminalité et crise-COVID-19 *(avril à juillet 2020)* [20]

EUROPE - Niveau Union européenne, Europol constate, durant les mois de confinement, une forte poussée du cyber-crime, des contrefaçons, des fraudes et escroqueries.

STUPÉFIANTS - Mondialement, la production et le trafic de stupéfiants sont d'abord violemment impactés : frontières fermées... chaînes logistiques à l'arrêt... manque de produits précurseurs (qui viennent d'Asie, en, général. Les prix de détail augmentent donc dans la rue ; les plateformes du Dark Web voient leurs approvisionnements et livraisons perturbés.

FRANCE - signe objectif que les livraisons de stupéfiants se raréfient lors du premier confinement (55 jours) : les prix (gros, demi-gros) augmentent. Avant, le kilo de cocaïne est à 25 000-28 000€ ; pendant, ± 32 000€. Le cannabis, lui, voit ses prix de gros augmenter de + 30% à + 60%. Celui du Maroc était naguère importé à 90% par la route (par convois *gofast* de ± 600 à 700 kg de drogue). Comment faire quand les autoroutes sont vides? En prime, Maroc (résine), Espagne (transit), Pays-Bas (herbe) ont leurs frontières fermées. Au plus vite, les grossistes/narcos rabattent les transferts sur le Transport International Routier (cannabis) et les conteneurs maritimes (cocaïne). Une urgence car, dans une logique de flux-tendu, ils n'ont que ± 10 jours de stocks à proximité des points de vente («fours»).

D'usage plutôt visibles, ces points de deal doivent se dissimuler mieux : vendeurs cachés dans des halls d'immeubles, parkings, caves/parties communes ;

rendez-vous individuels, de jour seulement, etc. L'économie souterraine devient invisible ; les lignes de logistique sont très ralenties, voire interrompues.

FRANCE ENTIÈRE (*Service des statistiques du ministère de l'Intérieur)*

TOUT LE CONFINEMENT (17 mars, 11 mai 2020) en mars, chute drastique de toutes les infractions connues, reprise lente au dé-confinement. Exemple, vols sans violences, sur les mêmes dates de 2019, - 78% ; vols liés aux véhicules, - 63% ; vols avec violences, - 70% ; cambriolages de logements, - 70% ; coups & blessures volontaires, - 28% ; enfin dans toute la France, forte baisse des plaintes déposées dans les commissariats et gendarmeries, du fait du confinement.

AVRIL

Homicides - quatre fois moins d'homicides en avril 2020, que sur avril 2019 ;

Cambriolages, du 13 au 19/04/2020 : 1 300 ; idem 2019, ± 4 000 ; sur tout avril, ± 6 000 en 2020 et ± 60 000 en 2019.

Vols sans violences, du 13 au 19/04/2020 : ± 500 ; idem 2019, ± 1 700 ;

Vols avec violences, du 13 au 19/04/2020 : ± 3 000 ; idem 2019, ± 14 000 ;

Vols liés aux véhicules, du 13 au 19/04/2020 : ± 3 500 ; idem 2019, ± 10 000 ;

Coups & blessures (connus), 15 ans et plus, intrafamilial ou non : semaine du 20 au 26 avril 2020 : 4 200 (dont 2 500 intrafamilial) ; même semaine de 2019, 4800 ; semaine du 13 au 19 avril 2020 : 3 750 ; semaine du 5 au 12 avril 2020 : 3 600.

MARS

Toutes infractions connues, mars 2020 sur mars 2019, - 36%.

Vols à main armée en mars 2020 - 43% sur février 2020 (juste avant le confinement).

Vols avec violences en mars 2020 - 45% sur février 2020.

Coups & blessures volontaires en mars 2020 - 33% sur février 2020.

Cambriolages de logements en mars 2020 - 44% sur février 2020.

Vols sans violences - en mars 2020 - 51% sur février 2020.

Zone police et zone gendarmerie, toutes infractions connues, - 45% ; vols de véhicules, - 37%.

Du 23 au 29 mars 2020 : vols avec violences, ± 400 ; mêmes dates 2019, ± 13 000.

PARIS & ÎLE-DE-FRANCE

Forte reprise des infractions de tout type à partir du 11 mai 2020, dont les vols-violence de montres de luxe, etc.

Paris & petite couronne (ressort de la préfecture de police de Paris) 1er trimestre 2020, sur idem 2019 : cambriolages + 56% (714 en 2019, 1 114 en 2020).

Paris, 2e semaine d'avril 2020 (sur idem, 2019) : cambriolages de logements, - 95% ; vols sans violences (pickpockets, etc.) - 93%.

Paris : mi-mars à mi-mai 2020 (sur idem, 2019), cambriolages en général - 70% ; vols avec violences même dates, - 71% ; vols à la tire même dates, - 79%.

Paris, mars 2020 sur mars 2019, cambriolages à Paris, - 80%, pour les logements privés ; augmentation des cambriolages de commerces fermés (tabacs, pharmacies, etc.) ; la plupart du fait de «mineurs non accompagnés» toxicomanes.

EST DE LA FRANCE

Ain - (± 15 mars - 30 avril), vols de voitures, - 64%.

Isère - Infractions type vols, cambriolages, agressions, - 60% d'avril 2020 sur idem, 2019.

Agglo. lyonnaise - (avril 2020 sur idem 2019), toutes infractions, - 27% - vols sans violence sur particuliers, - 40% sur entreprises, - 37% - cambriolages, - 21% ; vols de véhicules, - 27%.

Rhône - (avril 2020 sur idem 2019) cambriolages de logements - 45% ; vols de voitures et deux-roues, - 30%. Toutes infractions constatées en zone police (DDSP Rhône) : - 66%.

HAUTS-DE-FRANCE, PICARDIE...

Nord (mars 2020 sur idem 2019) - zone police, - 35à 40%, atteinte aux biens, - 55% ; zone gendarmerie, - 40% ; atteintes aux biens, -70% ; vols à la roulotte, - 70%.

Picardie, Somme, Oise, Aisne, mars et avril 2020, tout baisse : cambriolages (tous types), vols de véhicules, coups & blessures volontaires, etc. ; Aisne (mars 2020) infractions constatées en zone police, 1/3 en moins ; gendarmerie, 1/5e en moins.

OUEST DE LA FRANCE

Région Bretagne, durant le confinement, toutes infractions de voie publique connues, - 60 à - 70%, selon les départements. Atteintes aux biens, - 53% ; cambriolages de logements, mai 2020, - 43%.

Région Bretagne, avril 2020 : baisse de toutes les infractions connues, - 71% ; cambriolages logements, - 59% ; vols à la roulotte, - 61%.

Loire-Atlantique, lors du confinement, toutes infractions connues, - 60 à - 70% ; Ille-et-Vilaine, - 69% ; Finisterre, - 68%.

Brest-ville, infractions connues 1er quinzaine d'avril, de -46% à - 71% selon les infractions. Mêmes dates, Finistère, cambriolages & vols sans violences, - 50% ; vols d'automobiles et dedans, - 43%.

CENTRE ET SUD-OUEST

Toutes ces infractions : par rapport aux mêmes périodes de 2019).

Cher : mars 2020, infractions commises, - 50%. Avril 2020, 40 à - 60%, selon les zones (police, gendarmerie, ZP ou ZG). Cambriolages : ZG, - 50% ; ZP, - 59%.

Occitanie : toutes infractions connues en avril 2020, - 70%.

Dordogne : du 1/01/2020 au 31/03/2020, atteintes aux biens, -16% ; cambriolages, - 8% ; braquages de proximité, - 20%.

Gironde : infractions constatées du 15 mars au 15 avril 2020, - 30%.

Tarn-et-Garonne : zone gendarmerie, pendant le confinement, cambriolages, - 70% ; violences aux personnes, - 45%.

SUD-EST

Corse : du 15/03 5/04, dans l'île, nul homicide ni vol à main armée ouvol-violences. Vols sans violences, février-mars 2020, Haute-Corse HC, - 49% ; Corse-du-Sud CdS, -57% ; Cambriolages, HC, - 36% ; CdS, - 56% ; toute l'île, coups et blessures volontaires, - 26%.

Var : cambriolages (tous types), - 40% ; coups et blessures volontaires, - 19%.

Vaucluse : ZP, toutes infractions connues en mars, - 44% ; ttes infractions, du 15/03 au 15/04, - 72% ; cambriolages, -72,5% ; infractions en ZG, - 71% ; cambriolages de domiciles, - 79%.

F3 - Fraudes, etc.[21]

À l'échelle internationale - Selon l'OCDE, au 30/06/2020, le système d'échanges multilatéral d'informations instauré depuis 2016 a permis à 97 États, au 1er semestre 2020, d'échanger des renseignements sur 84 millions de comptes ouverts à l'étranger par leurs ressortissants (année 2018, sur 47 m. de comptes ; 2017, 11 m. de comptes).

En France - Le montant réel de la fraude aux prestations sociales est toujours (à l'été 2020) un insondable mystère, les estimations flottantes entre 140 millions d'€ et... 30 milliards. Pire pour l'assurance-maladie, la branche vieillesse et Pôle-emploi, sans estimations du tout. On flaire quand même le pillage sous l'observation (en pure novlangue), qu'on a en France «un système déclaratif trop ouvert». Clairement, l'appareil d'État évite de chiffrer la fraude, la base de la fonction publique sociale étant sous la coupe de syndicats rétifs aux contrôles. Ni partage des données et recoupements ; manque d'outils numériques *high-tech* d'où des fraudes sophistiquées et massives, ciblant RSA, Cartes Vitale, caisses de retraite et Pôle-Emploi. Éclair dans la nuit statistique, un coup de projecteur en expose parfois le sous-jacent : il existe un état de la fraude documentaire détectée par le réseau préfectoral : de 2017 à 2019, les titres de séjour pour étrangers signalés comme faux ont bondi de + 59%, de 3 160 à 5034.

III - CO - CRIME ORGANISÉ, TRAFICS D'ÊTRES HUMAINS

Monde - Contexte - pandémie COVID-19 et crime organisé transnational[22]

À un moment donné (printemps 2020, en gros) fait inouï, ± 50% de la population mondiale est confinée. Le commerce transfrontière - licite ou illicite - périclite ; peu ou pas d'activités sociales, rue vides et télé-surveillées. Alors, les infractions de voie publique, surtout violentes, s'effondrent :

homicides, vols avec armes et/ou violences, coups et blessures, notamment. Les trafics d'êtres humains sont moins praticables ; pour les narcos, les produits précurseurs à la fabrication des drogues sont soudain quasi-inaccessibles ; au nord du Mexique, ces produits surtout asiatiques augmentent de + 25 à + 400%. Le monde de la nuit, qui voit passer beaucoup de drogue, est à l'arrêt.

Les malfaiteurs étant toujours et partout des prédateurs opportunistes et la pandémie aidant, on assiste à un changement brusque, des stupéfiants au marché noir des faux médicaments, vaccins, matériel médical, etc.

En général, de par le monde, les grands trafics de stupéfiants tendent à baisser : c'est le cas en Afrique, en Asie centrale, dans la zone Balkans-Moyen-Orient, en Europe. Une exception dans cette région : l'Espagne où des cartels latino-américains, voyant les polices et forces de sécurité mobilisées ailleurs, multiplient de massives livraisons de cocaïne. L'Iran signale aussi un trafic soutenu de drogues. Ce, selon l'adage : quand le chat n'est pas là, les souris dansent.

Effet d'aubaine, encore : les gangs, mafias, cartels, etc. profitent de l'urgence, notamment sanitaire, pour renforcer leur emprise territoriale. Actions «sociales» : soutien (intéressé) aux secteurs fragilisés par la crise (commerce, PME, etc.), cartons de produits de première nécessité, aide alimentaire déversés sur les territoires qu'ils contrôlent, pour accroître leur légitimité comme bienfaiteurs d'une population sinon délaissée. Parfois, les bandits imposent le confinement, là où le gouvernement ne veut ou ne peut le faire.

La crise COVID-19 permet encore souvent au crime organisé de corrompre plus d'élus et de fonctionnaires de tout niveau de s'infiltrer dans de nouveaux secteurs du monde licite, d'accéder à l'économie légale, etc. Enfin, cette crise permet aux criminels de siphonner les aides et subventions de l'État, de détourner des fonds publics, etc.

- **Afrique**

Maghreb, le trafic de cannabis vers l'Europe est un temps bloqué (sous sa forme antérieure) : restrictions de circulation, trafic portuaire privé de passagers et limité au fret, aéroports, gares et routes presque vides - et plus surveillés ; fermeture des points de passages terrestres ; les chaînes de distribution et d'écoulement sont étranglées ; en Europe, le kilo de hash du Maroc passe de 2 000/3 000 euros à 4 000/5 000€.

Afrique du Sud, mars 2020, les vols avec violences sont 7 fois moins nombreux, les homicides, 4 fois moins nombreux. Du 1er jan. au 15/04 2019, 326 homicides dans le pays ; mêmes dates de 2020, 94.

- **Asie Océanie**

Australie (mars-avril) les infractions constatées dans l'important État du Queensland (le 2e plus grand) baissent en général de 20% et sont au plus bas depuis 2001 ; les vols avec armes et/ou violences («*robberies*») de 40%, les coups & blessures, de 25%. Mais les piratages et fraudes cyber bondissent de + 51%.

- **Amérique du Nord**

États-Unis : en mars 2020, la vente d'armes de poing en armureries augmente de + 91% ; des armes longues, + 73%. Aux États-Unis, 42% des ménages ont une ou plusieurs armes à feu.

Pendant le confinement, les tueries de masse n'ont pas diminué : mars 2018, ces tueries ont provoqué 10 morts, en 2019, 12 ; en 2020 (durant le confinement), 26.

New York, Los Angeles, printemps 2020, sérieuse baisse des homicides, viols, («*robberies*»), cambriolages, coups & blessures, vols de véhicules. Los Angeles, atteintes à la personne, -10% ; homicides, -21%. Mais aussi effets de la pandémie ; mars 2020 : sur 36 000 policiers new yorkais, 2 000 sont malades du COVID-19.

Chicago, Kansas City, Las Vegas, Memphis, New Orleans, les infractions constatées baissent de ± 25% sur mars précédent. Mars-avril, sur 53 polices urbaines, dans 24 États, signalent une forte baisse de la délinquance de voie publique.

Miami : du 17 février au 12 avril 8 semaines moins un jour de suite sans un homicide, une première depuis 1957.

Saint-Louis, Missouri : 194 homicides du 1er janvier au 15 avril 2019 ; mêmes dates de 2020, 45. Dans les hôpitaux de la ville, 90% des morts par balles sont des hommes noirs.

Quartiers Blancs et Noirs, différences en fin de période de confinement - et après la mort de George Floyd, fin mai 2020, analyse de ± 800 000 infractions violentes[23] sur 27 métropoles :

Quartiers blancs, mi-mars à début mai 2020, crimes violents, de 31/100 000 à 21/100 000.

Quartiers noirs, 15/03 à 1/05 2020, crimes violents, de 62/100 000 à 64/100 000. Dans ces derniers, lors du confinement, ± 1 homicide tous les 4 jours ; en juillet 2020, 2 homicides/jour.

Quartiers blancs, criminalité violente - 30% lors du confinement ; remontée ensuite, mais sous les niveaux de 2019 & 2018. Quartiers noirs : baisse faible ou nulle lors du confinement, puis explosion ensuite, à 133 infractions violentes pour 100 000 habitants, au plus haut depuis 2017, + 8 à 10% sur 2018 et 2019. Dans les quartiers noirs, on décompte dès juin 2020 plus de victimes de fusillades, plus jeunes, victimes de projectiles de plus gros calibre.

Exception : Baltimore, les taux criminels baissent pour Blancs et Noirs. Du 17/02 au 12/04, dans cette ville : coups & blessures, - 34% ; vols violents, - 17%, fusillades, - 88.

- **Amérique latine**

La Frontière Mexique-États-Unis est quasi-fermée en mars-avril. Au nord, la cocaïne (au détail) coûte 20% de plus ; à Los Angeles, les 500 g de meth' passent de 900 à 1 800 US$.

Mexique (où ± 60% des médicaments sont contrefaits) : pandémie et confinement attisent les guerres inter-cartels : en mars 2020, on dénombre 2 585 homicides, au plus haut depuis 1997. 70 millions de Mexicains sont aux bords de la misère, du fait de la crise et pandémie.

Pérou, mars 2020, infractions constatées, - 84% ; Salvador 2 homicides par jour (600 par jour en 2015...). Honduras et Guatemala, homicides, - 30% sur 2019.

Amérique centrale : taux d'homicides, 2019 (± 6 fois plus que la moyenne mondiale, dit l'ONU)

Guatemala	23,5 homicides pour 100 000 habitants
Honduras	44,7 homicides/100 000 hab.
Salvador	35,6 homicides/100 000 hab.

- **Europe**

En Italie, les mafias du sud du pays, disposant de liquidités immenses, deviennent une sorte de banque, qui prête sans discuter à qui demande, d'abord aux commerces et PME, dont 20% auraient recours à de tels prêts aux taux d'intérêts usuraires (10% par mois).

En Grande-Bretagne (mars-avril 2020) les infractions connues (dont les cambriolages) baissent de ± 30% ; les fréquentes agressions à l'arme blanche baissent de moitié ; les blessures consécutives à de telles attaques, de - 69%.

CO1 - Crime organisé, contexte[24]

«Métropolisation» du monde

Pour l'ONU-Habitat, une métropole est une ville-mère entourée d'autres cités. Elle compte de 300000 à 10+ millions d'habitants. La terre compte 1934 métropoles, dont 20 en France. Le principal péril qui les guette : la multiplication des habitats précaires, ou «bidonvillisation».

Métropoles dans le monde *(Global Cities Institute + ONU-Habitat)*

Métropoles dans le monde	1950	2000	2020	2035
Nombre	306	1 291	1 934	2 363
Habitants	300 millions	1 600	2 600	3 500

Les 20 plus grandes mégapoles en 2010 : Tokyo, 36 m. ; Mexico, Mumbai, Pékin, Sao Paulo, 20 m. ; New York, 19 m. ; Delhi, 17 m. ; Shanghai, Calcutta, 16 m. ; Dacca, 15 m. ; Buenos Aires, Karachi, Los Angeles, Le Caire, 13 m. ; Rio de Janeiro, Manille, Moscou, Osaka-Kobe, 12 m. ; Istanbul, Lagos, 11 m.

En 2020, 34 métropoles du monde ont + de 10 m. hab. ; 51, de 5 à 10 m. hab. ; 494 de 1 à 5 m. d'hab. ; 135, de 300000 à 1 m. hab.

En 2030, les 2/3 de l'humanité vivront dans des villes ; en 2015, les villes occupaient ± 650000 km2 de la surface terrestre ; 360000 en 1985 ; 1,6 million de km2 en 2 100 (calcul et projections, partant d'images de satellites). En 2030 toujours, + de 40% de la population mondiale (60% de la population urbaine mondiale et 1/3 de la population mondiale entière) vivra dans des villes de + de 300000 hab.

En 2035, il y aura 430 métropoles en plus, dont 3 en France. Population : 2035, 3,5 milliards d'hab. ; 2020, 2,6 mds. Hab. ; 1950, 300 m. d'hab.

Estimation - les 20 plus grandes mégapoles en 2050 : Mumbai, 42 m. ; Delhi, 36 m. ; Dacca, Kinshasa, 35 m. ; Calcutta, Lagos, 33 m. ; Karachi, 32 m. ; New York, 25 m. ; Mexico, Le Caire, Manille, 24 m. ; Sao Paulo, 23 m. ; Shanghai, 22 m. ; Lahore, Kaboul, 17 m. ; Los Angeles, Chennai, Khartoum, Dar es-Salaam, 16 m.

Évaluation des risques et périls mondiaux

Première étude mondiale sur les préoccupations et les risques des terriens ; enquête sur ± 150 000 sondés dans 142 pays :

- Je ne suis confronté à aucun risque : 19% des sondés,

- Je suis confronté à un seul risque : 21% des sondés.

Sondés en général : 36% se sentent plus sûrs en 2019 qu'en 2014, 36% ; moins sûrs, 25% ; aussi sûrs, 36%.

Sondés pauvres : 37% se sentent plus sûrs en 2019 qu'en 2014, 26% ; moins sûrs, 40% ; aussi sûrs, 36%.

Europe du Sud : 12% se sentent plus sûrs en 2019 qu'en 2014, 32% ; moins sûrs, 56% ; aussi sûrs, 36%.

Europe du Nord et de l'Ouest : 11% se sentent plus sûrs en 2019 qu'en 2014 ; moins sûrs, 28% ; aussi sûrs, 60%.

Europe de l'Est : 20% se sentent plus sûrs en 2019 qu'en 2014 ; moins sûrs, 21% ; aussi sûrs, 55%.

- Risque le plus fréquent (pays riches), accident de voiture ; (pays pauvres), accident de voiture, santé, violence et crime.

- Métiers les plus dangereux : agriculture, pêche, construction.

- Début 2020 : femmes se sentent moins en sécurité qu'en 2015 : (monde), 27%.

- Dangers associés à la nourriture ou à l'eau : 17% des sondés connaissent une personne très malade du fait d'un problème alimentaire (ce qui fait ± 1 milliard de gens sur la planète) ; très malade du fait d'un problème d'eau, 14% (823 millions de gens).

Piraterie [25]

Carl Schmitt sur la différence entre pirates d'un côté, flibustiers/corsaires de l'autre : «Les flibustiers qui, aux XVIe et XVIIe siècles, prenaient part au combat contre l'Espagne, puissance mondiale catholique, vivaient dans cet état intermédiaire entre l'étatique et le privé, entre la guerre et la paix. Loin de moi l'idée de les glorifier, mais ce phénomène historique représentait autre chose que la sous-humanité criminelle qu'on subsume sous la même catégorie de "pirates". L'écumeur des mers n'a, selon la définition en usage dans les traités de droit international, pas d'ennemi politique, il pille sans distinction les navires de toutes les nations (...). En revanche, les navigateurs qui nous intéressent ici avaient bien un ennemi politique ; ils prenaient parti, si tant est qu'ils méritent quelque intérêt historique, dans un grand conflit de la grande histoire, et formaient le vaste front huguenot-hollandais-anglais du protestantisme universel contre le catholicisme universel des Espagnols».

(Piraterie = haute mer ; vol à main armée = au mouillage ou au port).

Au premier semestre 2020, mondialement : irruption sur des navires, 81 ; tentatives de..., 10 ; tirs sur des navires, 6 ; détournement de navire, 1.

Mer Caraïbe, Golfe du Mexique, etc. : peu de patrouilles, donc renouveau du pillage de bateaux ou de plateformes offshore, prises d'otages, etc. 180 attaques en 2019 (vol d'argent, de matériels et de biens de valeur, carburant, équipement de navigation & de communication, bouteilles d'oxygène, etc.). Répression pratiquement nulle.

Asie : 1er sem. 2020, doublement des cas de piraterie, 51 contre 25 en 2019, même période ; au + haut depuis 2016, 3/4 de ces attaques, de bas niveau. Détroit de Singapour, 16 cas ; Bangladesh, Inde, Indonésie, Philippines, Vietnam, mer de Chine méridionale : augmentation. Nombre des pirates sont des pêcheurs opportunistes. En Asie, les enlèvements restent rares.

Golfe de Guinée : 90% des enlèvements en mer ; mondialement, 77 au 1er semestre 2020.

- **Afrique**[26]

Données contextuelles

Selon la CNUCED/ONU, le continent africain est récipiendaire, chacune de ces récentes années, de ± 48$Mds d'aide publique au développement et de ± 54$Mds d'investissements directs étrangers ; total, ± 102$Mds/an. Or dans l'autre sens, la fraude (propriété intellectuelle, évasion fiscale, taxes et impôts, fausses factures, marchés illégaux, corruption, vols divers...) atteint par an ± 89$Mds, soit 3,7% du produit brut africain. De 2000 à 2015, les seules fraudes concernant le secteur minier-pétrolier dépassent les 840$Mds.

Criminalité

Vers la fin de la colonisation britannique (1952) des sociétés secrètes d'entraide ont émergé sur les campus des universités du Nigeria. Comme d'usage, leurs fondateurs étaient des «idéalistes» qui envisageaient solidarité, charité, etc. Vite, ces sociétés ont proliféré par scissions successives, et se sont criminalisées, toutes dotées en cours de route de cérémonies d'initiation brutales, de rituels secrets, hiérarchies, codes, couleurs et signes de mains. Après les «Pirates», sont apparus les «Buccaneers», «Black Axe, «Vikings», «Supreme Eiye» (Eiye : oiseau en Yoruba), etc.

Dans la violente décennie 1980-1990, les militaires ont manipulé ces «Cults» pour attaquer les étudiants pro-démocratie. Devenues des méga-gangs, en théorie illégales au Nigeria mais armées et présentes sur les campus, elles pratiquent une vaste criminalité : vols avec armes et violences, proxénétisme, viols rituels, homicides, enlèvements, trafics divers (êtres humains, stupéfiants, armes...). Ces activités et le contrôle de gangs de rues juvéniles entraînent de sanglantes guerres de territoires : massacres de rivaux, décapitations-spectacles, etc. Désormais, ces «Cults» sont présents à peu près partout en Europe occidentale.

- **Amériques**

Amérique latine - Colombie[27]

Dans ce pays, «massacre» qualifie une tuerie de trois morts ou plus. Or depuis les accords de paix entre la guérilla des FARC et le gouvernement colombien, en 2017, ont proliféré des gangs d'ex-guérilléros de taille plus réduite qu'auparavant. Ils contrôlent une région, une vallée, y produisant ou acheminant de la cocaïne, contrôlant des mines illégales et des réseaux de trafic d'êtres humains, rackettant les populations, etc. Sur «leurs» territoires, ces bandits multiplient les massacres, commis d'usage dans des villages reculés : 11 pour tout 2017, 17 en 2019, 33 pour janvier-août 2020.

Mexique[28]

Depuis des décennies, 90% des homicides n'y sont jamais élucidés. De 2006 à 2019, un nouveau comptage chiffre 73 000 «disparus» dans le pays : adultes ou enfants (20%), femmes ou hommes, migrants ou autochtones... Parmi eux, une centaine de citoyens américains. 34 582 homicides recensés en 2019, 95 par jour. 17 439 homicides au 1er semestre 2020. 2 585 homicides en mars 2020 (pire «score» depuis 1997). De 2006 à la fin 2019, les guerres criminelles ont causé plus de 250 000 morts au Mexique.

Depuis le début de la crise-COVID-19, les guerres criminelles s'aggravent pour conquérir de nouveaux territoires ou de nouveaux marchés. Massacres, fosses communes, corps torturés pendus à des ponts d'autoroutes... 56% de pauvres dans le pays : Cartel Jalisco Nueva Generacion, CJNG, et cartel de Sinaloa multiplient les distributions de colis alimentaires & biens de première nécessité, «charités» bien sûr destinées à se faire apprécier de la population.

CJNG - Dans la décennie 2000, c'était la (une des ?) milice du cartel de Sinaloa, alors en lutte contre les Zetas. Depuis comme d'usage, cette milice s'est mise à son compte, pour devenir un cartel indépendant, aujourd'hui présent dans 28 des 32 États du Mexique. Son chef est Nemesio Oseguera Cervantes «El Mencho».

Le 26 juin 2020 à 6 h 38 du matin, sur l'équivalent local des Champs-Élysées de Mexico (avenida de la Reforma), un commando de 28 tueurs du CJNG tend une embuscade au secrétaire à la sécurité publique de la ville, Omar Garcia Harfuch, 38 ans, en poste depuis octobre 2019. Sous un déluge de feu, Harfuch est blessé, deux de ses gardes du corps plus une passante, tués.

Le 24 avril 2020 par exemple, on compte dans la journée 114 homicides, la plupart lors d'une guerre entre le CJNG et un nouveau cartel de l'État du Guanajuato, dit «de Santa Rosa de Lima». En juillet 2020, le jour du 54e anniversaire d'El Mencho, un convoi de 12 véhicules blindé «Hummers», peinture camouflée et blason bien visible du CJNG, est filmés ; devant lui, 75 hommes en tenue de combat, gilets pare-balles, fusils d'assaut dernier cri, mitrailleuses lourdes et fusils *snipers* cal. 50 (pouvant abattre un hélicoptère). La troupe scande le nom d'El Mencho et jure d'anéantir le cartel «Santa Rosa de Lima», dominant au Guanajuato. L'énorme défi à l'État advient le jour où le président mexicain, Andres Manuel Lopez Obrador, visite... le Guanajuato. Réponse du président (de gauche) : «Ne cédons pas à la provocation»...

CARTEL DE SINALOA - Vers la fin de la décennie 1990, Ismael «El Mayo» Zambada (toujours libre, traqué depuis 40 ans), Joaquin «El Chapo» Guzman Loera (détenu à vie aux États-Unis) et Juan-José Esparragoza Moreno (supposé mort) fondent le cartel de Sinaloa, héritier du cartel de Guadalajara, puissant dans la décennie 1980. Pour 2019 seulement, la «fraction Zambada» du cartel aurait réalisé un chiffre d'affaires (importation de stupéfiants aux États-Unis, surtout), de ± 11 milliards US$.

Depuis 2020 les fils du «Chapo», *Los Chapitos*, Jesus-Alfredo,37 ans, Ivan-Archivaldo, 39 ans, et Ovidio Guzman «el Raton», combattent la fraction Zambada. Épicentre de la guerre, le «Triangle d'Or» aux confins des États de Durango, Sinaloa et Chihuahua, véritable zone libérée aux mains des armées criminelles des diverses fractions du cartel.

Dans ces guerres inter-cartels, la “force de frappe du Sinaloa se nomme «*Los Antrax*». En 2013, des tueurs des Antrax assassinent Francisco Rafael Arellano Felix (l'un des chefs du Cartel de Tijuana) lors de sa fête d'anniversaire, où les tueurs entrent, déguisés en clowns. Par la suite, le premier chef des Antrax, José Rodrigo Arechiga Gamboa «Tony Antrax», qui a jusqu'alors échappé à tout, est assassiné début juin 2020 dans sa province du Sinaloa. Lui, sa sœur et son beau-frère, tous trois criblés de balles.

Amérique du Nord - États-Unis[29]

Rappel : le pays compte ± 330 millions d'habitants.

Violences policières :

- Depuis le 1/01/2020, une base documentaire recense les homicides commis par toutes les forces de polices présentes sur le sol américain. Jusqu'au 10 juillet 2020, 28 400 morts y figurent ; ils représentent chaque année de 5% à 12% de tous les homicides.

- Selon le Washington Post, de janvier à fin juillet 2020, 8 hommes désarmés ont été tué par la police ; ce alors que, chaque année récente, ± 7 500 jeunes Afro-Américains sont assassinés, à plus de 90% par d'autres jeunes Noirs et par armes à feu. En 2019, 9 Noirs non-armés ont été tués par la police ; sur les ± 1 000 tués par la police cette année-là, 29% étaient des Noirs.

- Homicides par race, États-Unis, 2018 :
  - Noirs tués par des Blancs : 8% du total des homicides
  - Blancs tués par des Blancs : 81% ...
  - Blancs tués par des Noirs : 15,5% ...
  - Noirs tués par des Noirs : 89% ...

Violence décroissante de la police de New York

Année	Usage d'armes à feu	Blessés	Morts
1971	870	221	93
1990	307	72	39
2016	72	23	9

États & villes des États-Unis :

Sur 36 métropoles américaines, 1er semestre 2020 sur 1er trim. 2019, les homicides augmentent dans 29 d'entre elles (moyenne totale, + 22%).

Homicides connus variations, 1er trimestre 2019 - 1er trim. 2020

Ville	Proportion
Atlanta	+ 4%
Chicago	+ 34%
Indianapolis	+ 38%
Jacksonville (Fla)	+ 13%
Los Angeles	+ 5%
Nashville	+ 43%
New Orleans	+ 36%
New York	+ 23%
Philadelphie	+ 23%

Californie - Lors du confinement, nombre de prisonniers ont été élargis ; suite à quoi, par la suite, le nombre de braquages de proximité bondit de + 50% dans certains secteurs de l'État.

Chicago - La nouvelle maire (qui à elle seule coche nombre des cases de la «diversité») est élue en mai 2019 ; de là, jusqu'à fin juin 2020, 2 170 de ses administrés sont blessés lors de fusillades. Dans sa ville, 80% des assassinés sont des Noirs. Blessés par balles au 1er semestre 2019, 1018 ; 1er sem. 2020, 1 500 ; homicides, 336[30]. 1 384 fusillades au 1er semestre 2020, + 45% sur 1er semestre 2019. 4 & 5 juillet 2020, jours fériés de la fête nationale, 17 morts et 64 blessés par fusillades. Weekend de la fête des pères, fin juin 2020 : 100 blessés par balles. Dernier weekend de mai : 16 morts par balles, 30 blessés. 18 assassinés le seul 31 mai 2020. Semaine de la mi-avril 2020, homicides sur mêmes dates de 2019 : + 42%. Homicides dans la ville (1/01/2020 - 26/07/2020), 450 ; mêmes dates de 2019, 280.

New York - De juin 2019 à juin 2020, fusillades dans New York-ville : + 358% ; rien vu de tel depuis plus de 25 ans.

- Blessés par balles au 1er semestre 2019, 355 ; 1er sem. 2020, 500.

- Mai 2020 sur mai 2019, homicides, + 79% ; fusillades, + 60%.

- Juin 2020 sur juin 2019 : fusillades, + 130% (205 sur 89) ; sur mai 2020, + 140% ; 97% de ces blessés par balles sont issus des minorités. Homicides, + 30% ; cambriolages : + 118% ; vols de voitures, + 51%.

- Durant les deux fériés de la fête nationale, (4 & 5 juillet) 30 fusillades.

Du 1/01/2020 au 26/07/2020 : 745 fusillades ; mêmes dates de 2019, 431 (+ 73%).

Homicides à ces mêmes dates : 2020, 227, août 2019, 176 (+ 29%).

- Août 2020, 242 fusillades ; août 2019, 91 (+ 166%).

Pourquoi l'explosion ? La plupart des fusillades résultent de guerres de gangs juvéniles. En juillet 2020 sur juillet 2019, arrestations par la brigade «gangs juvéniles» de la NYPD - 90%.

Amusante coïncidence : que réclame au même moment «Black Lives Matter» [31]? «La fin de toutes les prisons, maisons d'arrêt et centrales, centres de détention d'immigrants et de juvéniles, maisons de correction, etc., telles qu'elles existent aujourd'hui... L'abolition de la police et des prisons vont de pair».

Philadelphie : blessés par balles au 1er semestre 2019, 701 ; 1er sem. 2020, 900.

Noirs américains, crime et justice[32]

Chaque jour moyen, l'ensemble des lieux de détention des États-Unis, contiennent 2,3 millions de détenus (dont ± 200 000 perpétuités, ou analogues). Les Noirs forment 16,6% de la population du pays, et 40% des détenus. 70% de tous les enfants noirs sont sans père (mères célibataires). (Statistique de 2015) De 10 à 34 ans, un adolescent ou homme noir américain court 13 fois plus de risque d'assassinat, qu'un blanc de la même tranche d'âge. Comparés aux Blancs, les hommes noirs ont cinq fois plus de détenus ; les femmes noires, 2 fois plus.

44% des femmes noires adultes ont un proche en prison,

Au rythme actuel, 1/3 des hommes noirs nés en 2020 ira en prison dans sa vie.

L'essentiel des incarcérations concerne les prisons des États. Qui y trouve-t-on? Condamnés pour affaires de stupéfiants, 15% ; pour crimes violents, 53%. Si tous les condamnés pour infraction (sans violence) liée aux stupéfiants des prisons des États étaient libérés, Les États-Unis conserveraient le taux d'incarcération le plus élevé du monde.

Prisons fédérales : détenus pour affaires de stupéfiants en général, ventilation par crime commis : grossistes-importateurs, 10% du total des détenus ; dealers de rue, 17% ; coursiers, logistique, etc., 23%.

Les États-Unis et la peine capitale

La première exécution capitale fédérale du pays fut en 1790, un marin pendu. Exécutions pour crimes fédéraux, de 1927 à 2003, 37 ; pas d'exécutions fédérales de 1963 à 2001. De la période coloniale à fin 2019, les États ont exécuté plus de 15 000 condamnés, 9 000 par pendaison, 4 400 sur la chaise électrique. À la mi-2020, 20 États ont aboli la peine de mort.

- **Europe (UE)**

Éléments contextuels[33]

Les homicides en Europe - EUROSTAT : quelques taux d'homicides volontaires pour 2018. Pour comparer avec d'autres États-nations (toujours en 2018) :

- Salvador, 52 homicides pour 100 000 personnes, Jamaïque, 44/100 000 ; Honduras, 39/100 000, au plus haut ;

- Ukraine, 6,2/100 000 ; Lettonie, 5,22/100 000 ; Moldavie, 4,1/100 000 ; Lituanie, 3,45/100 000 ; Slovaquie, 1,23/100 000 ; France, 1,16/100 000 ; Norvège, 0,47/100 000, au plus bas.

Les fraudes à la TVA en Europe - La taxe à la valeur ajoutée est une invention française, instaurée en 1954. Depuis lors les escroqueries visant spécifiquement cette taxe ont fleuri. La première fraude à cette taxe nouvelle nait dès 1955 de l'esprit fertile de... Joseph Joinovici[34]. Lisons Alphonse Boudard (L'étrange monsieur Joseph) : [Joinovici et un comparse] sont «les premiers à imaginer une escroquerie à notre chère TVA, qui n'est encore qu'un bébé. Il suffit de demander à l'État d'exporter à l'étranger de la ferraille récupérée sur place, ce qui entraine le remboursement de la taxe. Or la ferraille n'est pas exportée mais refourguée ici en France. Ce détournement représente à la fin des années 50 environ 800 millions de francs».

66 ans que cette fraude existe et coûte chaque année des milliards d'euros à l'État : les fonctionnaires concernés tombent toujours de la lune à chaque nouvelle arnaque, tandis que (depuis plus de six décennies) les milliards filent vers les paradis fiscaux.

Pour l'Union européenne, l'écart de TVA (différence entre les recettes attendues par les États-membres et celles réellement perçues représentent ± 140 milliards d'euros en 2018. Prévision de pertes pour 2020 : ± 164 milliards d'euros. Là-dedans, il y a des erreurs comptables, et administratives - et la fraude. Voici l'écart de TVA des principaux pays de l'UE de 2018, avec les sommes en cause : Italie, 24,5%, 35,4 milliards d'euros ; Royaume-Uni, 12,2%, 23,5 md€ ; Allemagne, 8,6%, 22,1 md€ ; France, 7,1%, 12,8 md€ ; Espagne, 6%, 4,9 md€...

Pays de l'Union européenne[35]

Allemagne - Dans le land de Rhénanie du Nord-Westphalie, et d'abord dans la métropole d'Essen, la criminalité de «gangs arabes» (Libanais, Palestiniens, Turcs, etc.) est en forte augmentation ; les infractions imputables à ces gangs y ont augmenté de + 12,7% sur 2019 (racket, proxénétisme, stupéfiants, machines à sous, fraudes diverses...). Les mis en cause issus de ces gangs, + 13,4%. 20% des faits de crime organisé commis dans le land proviennent de ces gangs, qui étaient 104 en 2019 et sont 111 en 2020. Les migrants légaux libanais sont ± 37 000 en Allemagne, et les «gangsters arabes» sont ± 2 500.

Espagne - Barcelone : 31% des habitants de la ville ont été victimes d'une ou plusieurs infractions en 2019 (sur 100 de celles-ci : vols avec violences, 24% ; vols à la roulotte, ± 8% ; cambriolages, 3,5%). Les quartiers de Ciutat Vella et d'Eixample, ont subi 48,8% de ces infractions.

Luxembourg - Toutes infractions constatées, 38 773 en 2019, dont 4 homicides. Cambriolages, tous domiciles et locaux : 2 142 en 2018 ; 2 044 en 2019 ; - 4,6%. Cambriolage des seuls logements - 7%.

Pays-Bas - Dans un entrepôt proche de Bergen op Zoom (sud du pays) les policiers découvrent 7 conteneurs transformés en chambre de torture : fauteuils de dentistes avec sangles pour bras et jambes... sécateurs... scies et pinces. Les murs insonorisés de la chambre de torture sont recouverts de papier aluminium pour tromper les caméras thermiques. Les commandos spéciaux enlèvements/sévices des narcos locaux alimentent cet «atelier». Décidément, la politique néerlandaise de tolérance pro-stupéfiants vole de succès en succès...

Royaume-Uni[36]

Durant le confinement (mi-mars, mi-avril 2020) les infractions en général diminuent de 28% ; cambriolages - 37% ; vols violents et coups & blessures - 27% aussi. Confinement à Londres, infractions avec arme blanche, - 50% blessures par arme blanche de - de 25 ans, - 69%.

Après le confinement (juillet 2020) 3 jeunes Noirs (2 de 18 ans et 1 de 30 ans) sont poignardés à mort à Londres. Comme leurs assassins sont immigrés, *Black Lives Matter* ne dit rien.

Dans la décennie 2010 des gouvernements libéraux (même si supposés «conservateurs») ont massacré les budgets du ministère de l'Intérieur et des polices du royaume. «*Defund the police*» ? Mme Theresa May & co. l'ont fait. Voici le résultat. Angleterre + Pays de Galles, infractions avec usage d'une arme blanche, de 2010 à fin 2019 : + 49%

Résultats par comtés sur cette période : 1 - Surrey + 618% ; 2 - Sussex + 245 ; 3 - Hertfordshire + 166 ; 4 - Norfolk - 164 ; 5 - Merseyside, - 153 ; 6 - Cleveland - 135% ; 7 - Kent - 129 ; 8 - Derbyshire + 112 ; 9 - Northumbria - 108 ; 10 - Dyfed-Powis - 107 ; 11 - Warwickshire + 107 ; 12 - Lincolnshire + 102 ; 13 - Leicestershire + 101 ; 14 - South Yorkshire + 97 ; 15 - South Wales + 95 ; 16 - Northamptonshire + 90 ; 17 WestYorkshire + 88 ; 18 - Cambridgeshire + 88% ; 19 - Essex + 86 ; 20 - Suffolk + 84 ; 21 - North Yorkshire + 76 ; 22 - North Wales + 75 ; 23 - Bedfordshire + 71 ; 24 - Hampshire + 71 ; 25 - Lancashire + 70 ; 26 - Humberside + 70 ; 27 - Gloucestershire + 69 ; 28 - Wiltshire + 67 ; 29 - Avon & Somerset + 64 ; 30 - West Mercia + 63 ; 31 - Gwent + 63 ; 32 - Dorset + 57 ; 33 - Cumbria + 57 ; 34 - Cheshire + 49 ; 35 - Staffordshire + 47 ; 36 - Nottinghamshire + 46 ; 37 - Thames Valley + 35 ; 38 - Devon & Cornwall + 23 ; 39 - Durham + 21 ; 40 - West Midlands + 20 ; 41 - Metropolitan police + 16% - 42 - Greater Manchester ?.

Infractions avec arme blanche, England+Wales, avril 2019 sur mars 2020 + 6% sur les 12 mois précédents. 125 de ces attaques par jour. Mis en examen avril 2019 sur mars 2020, pour 7% des infractions connues ; 12 mois précédents, 8% ; 2015 entier, 16%. Vols avec violence, agressions graves, etc. + 88% depuis 2011.

Métropole de Londres, avril 2019 sur mars 2020, homicides par arme blanche, 256, 12 mois précédents, 250.

Infractions par armes à feu de 2015 à 2019 (ensemble, UK) : + 38%.

Suède [37] - Dans ce pays, les «violences contre les personnes», du fait du milieu criminel, ont triplé entre 2012 et 2020, les homicides y ont doublé. En 2019, on y recense 257 attentats (bombe ou grenade). 90% des fusillades sont le fait de migrants, 1er ou de la 2e génération. De 2014 à 2018, les homicides d'hommes de 20 à 29 ans par arme à feu ont triplé. Au 1er semestre 2020, 20 tués en 163 fusillades ; 2019 en entier, 42 morts en 334 fusillades.

Selon un syndicat de policier, les cas de corruption (par gangsters immigrés) de politiciens ou fonctionnaires s'accroissent chaque année, comme les fusillades, les règlements de comptes les plasticages de véhicules, l'intimidation de témoins. Dans certains quartiers, des gangs immigrés (Moyen-Orient, Balkans, corne de l'Afrique..., la police en décompte ± 40 en Suède) installent des barrages routiers d'individus armés.

Ex-Bloc de l'Est & Roumanie[38]

Semion Mogilevitch - né en Ukraine en 1946, dans une famille juive de Kiev, 3 enfants. Bandit dès sa jeunesse, il appartient d'abord (décennie 1970) au gang Lyubertskaya, puis au méga-gang Solntsevo (banlieue de Moscou). Impliqué dans l'exfiltration vénale de Juifs vers Israël, puis dans des trafics d'armes et des escroqueries et fraudes énormes, portant sur des milliards de dollars, et des opérations de blanchiment d'argent de même envergure. Parmi les 10 criminels les plus recherchés au monde du FBI, depuis 2009. Arrêté à Moscou en janvier 2008 pour fraude fiscale, libéré en juillet 2009. Vivrait depuis librement en Russie.

Le milieu criminel roumain - le territoire de Bucarest, capitale du pays, est divisé en 13 secteurs, chacun contrôlé par un ou deux clans criminalisés ou un gang. Activités criminelles usuelles : trafic de stupéfiants, proxénétisme, usure, racket, etc. Les principaux secteurs du centre-ville :

Secteur 1 - clan Geamanu, chef Sandu Geamanu, incarcéré. Clan Sadoveanu, chef, Christian Mitrache, proxénète.

Secteur 2 - Clan Caran, chef Aurel Caran (stupéfiants, trafic d'êtres humains, vol de fret, usure).

Secteur 3 - Clan Chiara, chef, Aurel Chiara, trafic d'êtres humains, prostitution, usure.

Secteur 4 - Clan «des athlètes», chef, Marius Alecu, racket, fraudes, piratage de cartes bancaires, etc. Clan Gruia, fraude fiscale et vols.

Secteur 5 - Clan «des usuriers» chefs (frères) Sile (incarcéré) et Nutu Camaranu.

Secteur 6 - Clan «des combattants», chef, Eugen Preda (incarcéré) - chantage, racket, usure.

Ailleurs en Roumanie :

Giugiu - clan Butoane - usure et proxénétisme.

Arad - clan de Utu Ronozneanu.

Région de Teleorman - clan «Tandarica» de Vasile Tudorel usure, etc.

Région d'Olt - caïd, Sandu Anghel dit «Bercea Mondial» - usure, trafic de voitures de luxe. Plus deux clans roms, Oaca et Vaca - usure, proxénétisme et vol. Plus encore, clan des «Gardes du corps», de Remus «Codita» Radoi, se disant «homme d'affaires».

Région de Calarasi (frontière bulgare) - caïd Vlad «Taganu» Costel, proxénétisme en Espagne

Brasov - caïd Dorin Lazar Maio, ex-député corrompu.

Iasi - clan Corduneanu, chef, un autre membre de la famille Costel, ex-athlète de haut niveau - trafic d'êtres humains, corruption

Timisoara - caïd, Sorin Udrea, actif en Italie.

Justice - Europe[39]

L'essentiel du confinement en Europe a duré de la mi-mars à la mi-avril 2020. À ce moment, 20 administrations pénitentiaires d'Europe ont libéré ± 118 000 détenus. Auparavant (fin janvier 2020), dans l'Union européenne, ± 2 millions d'individus vivaient une forme ou un autre d'alternative à la détention : surveillance électronique... assignation à résidence... semi-liberté... liberté conditionnelle, etc. La France a ainsi libéré 10 188 individus, soit 14% de sa population carcérale (y compris les libérations en fin de peine, sur cette période).

De 2018 à 2019, pour 22 des États-membres de l'UE, ces individus, collectivement dits «sous surveillance des services de probation» sont passés de 1 547 572 à 1 699 676 (+ 7,8%). Fin janvier 2020 toujours, selon le Conseil de l'Europe, ce continent 155 individus en probation pour 100 000 habitants ; détenus : 105/100 000. Sur cette population, les étrangers en probation sont 8% du total ; étrangers détenus, 14% du total. Total global de tous les individus «relevant des services correctionnels» (détenus, ou en probation) : ± 3,5 millions.

CO2 - Migrants et trafics d'êtres humains[40]

Contexte européen

Janvier à mai 2020, entrées illégales dans l'Union européenne : 36 000, - 6% sur les mêmes mois de 2019. Janvier-mai 2020, Méditerranée orientale, 12 700 clandestins, - 28% sur les mêmes mois de 2019 ; Méditerranée centrale, 5 500, Méditerranée occidentale, 3 700 ; Balkans occidentaux, 6 900 clandestins.

Une part de ces migrants débarquent des navires «humanitaires», sans nul souci de la sécurité ou la santé des populations européennes, jamais consultées là-dessus. À l'été 2020, un de ces navires *Ocean Viking* signale par exemple à son bord des bagarres ethniques, tentatives de suicide, crises de paranoïa furieuse («détresse psychologique aiguë») avec menaces de mort, agression des marins et «sauveteurs», etc.

Demandes d'asile Union européenne, 2019, 738 425, + 11% sur 2018. Allemagne, 165 615, + 22% ; France, 128 940, + 17% ; Espagne, 117 795, + 16%. Dans ces migrants, Syriens, 80 205, 11% du total ; Afghans, 60 700, 8,2% ; Vénézuéliens, 45 645, 6,2%.

Suède & Danemark

(*Swedish crime prediction agency*, BRÄ - Report + *Statistics Sweden*) - En 2015, la Suède (10 m. d'habitants) accueille ± 163 000 migrants (licites, plus les clandestins, ± 10% du total, en sus du reste) ; dans ce total, ± 33 000 «Mineurs non accompagnés», sur les ± 80 000 arrivés en 2015 dans l'Union européenne. 50% des migrants de 2015 n'ont toujours pas trouvé d'emploi depuis lors. En 2019 et 2020, il est encore arrivé en Suède ± 22 000 à 25 000 migrants par an. Une étude de l'Université de Göteborg, portant sur la période 1973-2004 montre qu'alors, 96% de la population suédoise n'était jamais affectée par quelque forme de crime que ce soit.

Enquête sur la période 2002 à 2017, 7 types d'infractions, 7 régions du pays : criminalité en général, pays entier : 13% commise par des migrants, clandestins ou non ; dont 70% des vols avec arme et/ou violences,

73% des homicides (volontaires ou non, plus tentatives).

2018, Télévision d'État suédoise : poursuivis ou fichés pour viol de 2012 à 2017 : 58% d'étrangers. Sur les 42% restants, nombre de «Suédois de papiers», fraîchement naturalisés (= 2 parents étrangers). Pour les pires viols, 80% d'étrangers. Selon les quotidiens *Aftonbladet* et Expressen (en 2018) une étude portant sur 112 individus fichés pour viols multiples, ou en groupe : 73% d'étrangers. Sur 100 membres de gangs poursuivis ou condamnés, 82% sont nés à l'étranger ou ont deux parents étrangers, nés à l'étranger.

De 2013 à 2017, sur 100 individus ayant fait usage d'une arme à feu sur la voie publique, 90% ont des parents nés à l'étranger. De 2013 à 2017, les étrangers poursuivis pour des crimes (infractions les plus graves) sont passés de 31% à 58% de l'ensemble considéré ; pour les homicides, on passe de 42% à 72%. Bien entendu, les migrants légaux ou non sont aussi surreprésentés parmi les victimes de crimes (cohabitation dans les secteurs hors-contrôle).

Zones hors-contrôle en Suède : pour le gouvernement, ce sont des «secteurs spécialement vulnérables» : on sait parfaitement où ils sont : dans ces secteurs, des entreprises comme UPS refusent d'y livrer des colis...

Service danois des prisons & de la probation : dans les prisons du pays, (1er semestre 2020) ± 50% d'étrangers. Dans l'équivalent danois des centrales, 51,5% d'immigrés ou descendants ; équivalent des maisons d'arrêt, 68% (les immigrés forment 13% de la population danoise).

Attentats à la bombe, Suède et Danemark (guerres de gangs) - De février à septembre 2019, le Danemark a connu 10 attentats à la bombe - ce qui n'était jamais arrivé dans le pays ; en prime, deux homicides de bandits étrangers à Herlev. À Malmö, à la même période, 19 attentats à la bombe ou jets de grenades défensives. Les attentats à Copenhague ont été commis par «des Suédois aux patronymes démontrant une origine ethnique étrangère». Décodeur : des gangsters somaliens en guerre, appartenant aux gangs «Dödspatrullen» (patrouille de la mort) et «Shottaz».

CO3 - Cosa Nostra et autres mafias

Mafias, Italie[41]

• Ensemble les trois grandes mafias du Mezzogiorno sont devenues «la première banque d'Italie». Face à la prudente lenteur des banques légales, les mafias peuvent prêter à l'instant des sommes énormes - mais ensuite, accaparent les entreprises ainsi «dépannées». Pour une prise de contrôle, les mafias peuvent même prêter de l'argent sans intérêt. Les entreprises italiennes subissent aussi le racket des mafias et sont ±20% à le payer. De 2018 à 2020, le montant du racket a été d'environ 100 milliards d'€ soit, par an, 7% du PIB italien.

• Selon un rapport collectif de plusieurs forces de police suisses (fédérale + cantons), quelques 400 mafieux italiens (Ndrangheta, Cosa Nostra, Camorra) vivent dans des centres urbains de la Suisse où ils sont d'usage discrets, bien intégrés et dotés d'emplois réels.

• Plusieurs enquêtes internationales montrent que la Ndrangheta (Calabre) est implantée dans une trentaine de pays du monde : Albanie (Tirana), Argentine (Buenos Aires), Australie, Costa Rica, Suisse, etc. En Italie même ces clans ndranghetistes opèrent dans les trafics de stupéfiants, d'armes, de déchets toxiques, plus détournement de fonds publics, corruption de politiciens et fonctionnaires, blanchiment, etc. L'Antimafia juge la Ndgangheta très active à l'international, notamment dans le trafic de cocaïne.

• Camorra (Naples & Campanie) ses plus grands clans renforcent leur capacité de contrôle de marchés légaux, agro-alimentaire, etc.

• Cosa nostra : en Sicile, notamment dans la région de Palerme et surtout depuis le choc COVID, confinement, etc., sa capacité d'infiltration de l'économie et de la finance reste intacte - Cosa Nostra a toujours la capacité d'y recruter des personnalités insoupçonnables, de monter des opérations complexes, etc. Une radiographie de la famille mafieuse de l'Acquasanta (ouest de Palerme [42]) la montre active sur place (contrôle de chantiers navals, d'hippodromes, etc.) mais aussi au nord de l'Italie (Milan, blanchiment, etc.). Au-delà, l'Antimafia voit Cosa Nostra réinvestir le champ du narcotrafic international, qu'elle avait longtemps jugé trop exposé.

• Cosa Nostra, Italie et États-Unis - quand la mafia de Sicile se renforce, elle tente de reconstituer sa coupole. De telles tentatives, par une nouvelle génération de *capi* siciliens, sont repérées par l'Antimafia italienne dès 2018. De Sicile, des liens se recréent avec des descendants des clans mafieux exilés aux États-Unis en 1981, car battus par les Corléonais (Riina, Provenzano, etc.). Des émissaires de la famille Bonnano (la plus «sicilienne» des 5 de New York) sont vus avec des «hommes d'honneur» des familles de l'épicentre mafieux de l'ouest sicilien : Trapani, Castellammare del Golfo, Sciacca ; notamment de deux puissants *capi* : Francesco Domingo (Castellammare, nord-ouest) et Accursio Dimino (Sciacca sud-ouest).

• Sacra Corona Unita (Pouilles) - très active dans les trafics de stupéfiants venus de la «Route des Balkans) en lien avec des clans mafieux albanais.

Cosa Nostra, États-Unis et Canada[43]

• *États-Unis*

Colorful past. Pêché avoué est à-demi pardonné : les États-Unis étalent volontiers leur passé mafieux - mais bien sûr, tout ça relève d'un «passé pittoresque», Al Capone, etc., aboli aujourd'hui. Un livre paru en 2011 et vite occulté (cf. note, Peter Bart...) révèle la puissance de la mafia italo-américaine à Hollywood (et la fascination du star-system pour les mafieux...), sur l'industrie du cinéma des décennies 1960-1980. L'homme-clé de la mafia à Los Angeles est alors l'avocat Sydney Korshak, qui est à la famille mafieuse de Chicago (Tony Accardo, Sam Giancana, etc.) ce que Meyer Lansky fut à la famille de *Lucky* Luciano à New York. "Peu après mon arrivée je compris que Sydney Korshak serait dans ma hiérarchie, sans qu'il travaille à la Paramount "(Bart, *op. cit.*). Homme poli, Korskak ne sourit jamais, ne note rien et ne garde aucun dossier, expliquant gentiment que 'conserver des notes est mauvais pour la santé'. Lors de ses fréquentes visites aux pontes hollywoodiens d'alors, il n'attend pas ; tout s'arrête dans les studios (MGM, Columbia, Paramount...) pour le recevoir. Il est le *fixer-consigliere*-fantôme 'jamais là, mais toujours là'. L'avocat Korshak règle tout : contrats, évolutions de carrière, augmentations des acteurs et cadres des studios... trouve des prêts pour les acquisitions... arrange les frictions avec des syndicats 'en odeur de mafia', projectionnistes, ouvreuses, personnels techniques, etc.

Korshak joue un rôle majeur lors du tournage du Parrain : Joe Colombo, alors parrain de la famille new yorkaise éponyme, 'souhaitait vivement' que l'acteur Al. Pacino obtienne un rôle important dans le film et que le mot 'mafia' soit expurgé des dialogues : dans les deux cas, il en fut ainsi - ce qui valait mieux car 'Lors du tournage, divers mauvais garçons hantaient les studios'. Mafia, 'civils', même mot d'ordre : '*trust, but verify*'.

Premier film porno grand public, prétendu le film le plus rentable de l'histoire du 7e art, *Deep Throat* 'appartenait totalement à la mafia *[Famille Colombo, New York]*... non seulement ces mafieux ont siphonné la quasi-totalité de ses droits, mais finement mené sa campagne de lancement'. Même influence sur deux autres films célèbres de l'époque, 'Massacre à la tronçonneuse' et 'Enter the dragon', premier film de Bruce Lee.

• En mai 2020, meurt à 83 ans Antonio 'Toto' Ruggirello, homme d'honneur de la famille mafieuse (nommée 'partenariat' car unissant les clans Tocco et Zerilli) de Detroit. Avec son frère Luigi 'Louie the bulldog' Ruggirello, 'Toto' aurait éliminé le corps de Jimmy Hoffa, disparu à jamais le 20 juillet 1975, condamné par des chefs mafieux (Detroit, Chicago...) pour sa gestion du fond de pension du puissant syndicat des camionneurs (et tirelire de la mafia). Hoffa s'évapore à 50km de la propriété des frères Rugirello, *le Timberland Game Ranch*, près d'Ann Arbor. Au même endroit, le 10 juin 1979, Giacomo 'Black Jack' Tocco est élu chef de la famille de Detroit, devant les capos du clan. Outre 'Toto', la fratrie Ruggirello comptait 'Louie the Bulldog', mort du cancer en 1987, Joseph 'Jo-Jo' et Antonino 'Tony Cigars', mort naturelle tous deux, 2013 et 2019. Tous avaient pour père 'Big Toto', dans la décennie 1930 garde du corps de William 'Black Bill' Tocco, co-fondateur de la famille de Detroit.

• La Ndrangheta à l'international - les mafieux calabrais vivent leur vie criminelle dans des sections territoriales nommées *Locale*, qu'ils cherchent à tout prix à enrichir et glorifier. Hors de Calabre, de tels *Locali* existent ailleurs en Italie bien sûr, et aussi en Allemagne, Australie, Canada, Pays-Bas, Suisse. Un fief ndranghetiste est la région de Toronto, Canada, forte de 7 *Locali* ; 9 pour tout l'Ontario. Tous ceux du grand Tororto sont fédérés en une *Crimine*, coupole reconnue par l'instance suprême de Calabre. Quand un conflit éclate entre mafieux, le *Crimine* local/régional le calme ; si ça s'aggrave, intervient le *Crimine* suprême calabrais.

• *Canada* - De janvier à juin 2020 (confinement COVID 19) nul homicide mafieux dans le grand Montréal. Il y avait eu ± 50 de ces assassinats entre 2014 et 2019.

Guerres inter-mafieuses : juillet 2020, Pasquale 'Pat' Musitano est abattu sur le parking d'un centre commercial de Burlington, Ontario. Il avait déjà failli être tué en avril 2019 devant chez son avocat à Mississauga, Ont. - 4 balles dont une dans la tête, il survit par miracle. En juillet 2020, une semaine plus tard, son cousin Giuseppe 'Pino' Avignone a ses deux voitures incendiées devant sa maison. À la mi-juillet, Grant Edward Norton (59 ans, proche associé de Pat Musitano) disparaît de chez lui et est ensuite trouvé mort dans un bois de l'Ontario.

L'Ontario est un fief de la Ndrangheta ; depuis 1937, des Musitano y dirigent la famille de Hamilton. Tour à tour Angelo, Pasquale sr., Domenic, Antonio, Angelo jr. (abattu en mai 2017 devant sa maison de Waterdown, Ont.) ; et Pasquale jr., 59 ans, tué début juillet 2020, y ont dirigé le *Locale*. Jusqu'à la mort de Vito Rizzuto en 2013, les frères Musitano étaient des protégés de la famille mafieuse (Cosa Nostra) de Montréal.

IV - S - STUPÉFIANTS

S1 - Stupéfiants (& tabac), France[44]

• En France, le trafic de stupéfiants est le principal carburant de l'économie souterraine ; un premier cercle (France métropolitaine) de ± 35 000 dealers de tout grade & autour d'eux, environ 240 000 obligés, parents, sous-traitants, etc.

• Stupéfiants et confinement de mars-mai 2020 : en France et trafic en général, le chiffre d'affaires des stupéfiant baisse de 30 à 40% ; d'usage, les stocks sur le sol national sont limités à ± 10 jours de consommation par les grossistes et semi-grossistes, mais là, des tensions sont ressenties. Le prix du cannabis monte alors de 30 à 60%, selon les secteurs.

• La toxicomanie en France : pour l'Office français des drogues et de la toxicomanie (OFDT) et par rapport à 2017, l'expérimentation du cannabis chez les garçons et filles de 15 ans est de -16,5% 'une fois' et de - 8,5% dans la catégorie 'fume du H au moins une fois dans le mois'. En Europe, fort usage du cannabis chez les adolescents : Allemagne, Bulgarie, Angleterre+Pays de Galles, Italie, Suisse.

• France, marché du cannabis : bien situés près de Paris, la dizaine de points de vente de drogue de Saint-Ouen (93), des "fours" pour les narcos, brassent des sommes énormes ; à la cité Charles-Schmidt, on parle ainsi de 30 000€/jour. De 11 h du matin à 1 h du matin suivant, de 500 à 600 clients affluent, servis par un dispositif complexe : chef du «four», trésorier, logisticiens, «nourrices», vendeurs, guetteurs, etc. Le blanchiment s'y faisait naguère dans des bars à chicha. Plusieurs fois «démantelé» le four Charles-Schmidt s'est toujours reconstitué et «tourne» alors que nous écrivons ce texte. Car le monde criminel ne disparaît pas, il ne s'oppose pas longtemps frontalement - il s'adapte.

Cela, chacun le sait sauf M. Darmanin, qui s'acharne futilement à arrêter dans ces fours des sous-fifres, élargis peu après par les services de M. Dupont-Moretti, du fait qu'ils pourraient peut-être attraper un rhume en prison. Ainsi, penser éradiquer «l'insécurité du quotidien» en ciblant les «fours des cités» relève soit de l'idiotie, soit du bidonnage délibéré.

• Cannabiculture : il y aurait ± 200 000 cannabiculteurs en France. Les plus professionnels (formés par des experts néerlandais) font trois récoltes par an (herbe de cannabis, cycle de 11 semaines, 5 récoltes/an) ; souvent installés dans des lieux isolés friches industrielles, locaux vacants, etc., ils doivent installer un dispositif onéreux et complexe : hygrométrie, ventilation, gestion de la température dans de vastes serres, etc. Avec l'achat de plants génétiquement modifiés, l'investissement de départ dépasse les 300 000 euros (emploi d'électriciens, de jardiniers experts ès-hydroponique, cueilleurs pros, etc.). Des investissements de base amortis la première année. Les années suivantes, hors raid policier, l'argent afflue. Exemple : récolte de 1 000 plants, 150 000€ de chiffre d'affaires. Sur un an, 1 000 plants = 740 000€.

• Évolutions sur le marché du cannabis : en 2017, les saisies révélaient 26% d'herbe, 71% de résine et 3% de pollen de cannabis ; au 1er semestre 2020 : herbe, 63% ; résine, 36% ; pollen, 1%. En 2020, cette herbe vient des Pays-Bas, d'Espagne et de cannabiculteurs français. 1 kg acheté 1 000€ en Andalousie est revendu 3 000€ à Paris & vendu au détail 10€ le gramme. De 2010 à 2020, la concentration moyenne de cette herbe en THC a doublé (de 10% à 20%).

• Héroïne, opioïdes chimiques (méthadone, subutex...), etc. Forte demande dans les campagnes (Plateau de Millevaches, Creuse, Corrèze, Haute-Vienne, etc.) et les petites villes éloignées des métropoles, adolescents inclus. D'abord des néo-ruraux (type hippies, etc.) poly-toxicomanes, mais aussi des autochtones invisibles.

• Production mondiale estimée de chlorhydrate de cocaïne en 2019 : ± 1 700 tonnes. Cocaïnomanes réguliers en France, ± 600 000. Trafic de cocaïne depuis l'Amérique latine : en juin 2020, près du Havre, un docker est trouvé dans un parking, assassiné et torturé (œil crevé, chiffon dans la bouche, sévices divers). Il était mis en examen pour trafic de cocaïne sur le port (20 000 conteneurs par semaine) ; d'autres ont été séquestrés. Le Havre, Hambourg, Anvers Rotterdam sont les principaux tremplins de la cocaïne pour l'Europe du nord. Dans tous ces ports, les narcos tentent de corrompre des dockers à coup de centaines de milliers d'euros. Il en arrive tant que les prix baissent : 2000, 1 g. de cocaïne, ± 120€ ; en 2020, 70€/g.

Trafic et contrebande de tabac. Acheté 10€ au Maghreb ou en Turquie par des réseaux spécialisés, un pot de tabac à chicha se revend 60 à 80€ en Allemagne ou en France ; trafic qui génère des millions d'€ par an. En France, un réseau de vente clandestine de cigarettes implique un demi-grossiste, qui stocke des centaines de cartouches chez des «nourrices», des chefs de points de vente, ravitailleurs et vendeurs. Au-dessus, des intermédiaires et des grossistes. Le «modèle commercial est le suivant. Un vendeur écoule de 70 à 100 paquets par jour, à 5 euros le paquet. 1 vendeur (moyenne de 85 paquets/jours) = ± 425€/jour ; 1 «four» de 10 vendeurs, ± 42 500€/jour ; 320 jours/an = 13,6 millions d'€ ; les 2/3 vont au sommet de la pyramide.

S2 - Europe[45]

Contexte - généralités

Surdoses mortelles dans l'UE (2019), 8 317 (78% = opioïdes) ; âge moyen du décès, 42 ans.

(OEDT) Union européenne, 15 à 65 ans dans l'UE :

Cannabis, ± 25 millions d'usagers, ± 7,5% de la population concernée.

Cocaïne, ± 4,3 m. usagers, 1,3% pop. ...

MDMA, ecstasy etc., ± 2,7 m. usag., 0,8% pop. ...

Héroïne, ± 1,3 m. usag.,

Dans l'UE, en 2019, ± 20 millions de jeunes de 15 à 34 ans ont utilisé une drogue quelconque ; ± 17% de la tranche d'âge ; 2 fois plus d'hommes que de femmes.

Coût moyen des stupéfiants :

Résine de cannabis, 9 à 14€/g. ; THC, 13 à 24%.

Herbe de cannabis, 7 à 12€/g. ; THC, 9 à 12%.

Cocaïne, 54 à 83€/g., pureté de 53 à 69% (taux de pureté augmentant sans cesse de 2009 à 2018). Cocaïne dans les eaux usées : les villes les plus touchées d'Europe, Copenhague, Amsterdam, Anvers, Londres, Barcelone, Lisbonne, Valence, Zagreb, Ljublijana.

Drogues chimiques :
- MDMA-Ecstasy, 8 à 10€ la pilule.
- Amphétamines, 10 à 24€/g.,

Métamphétamines, 17 à 64€/g., pure de 26 à 81%.

Drogues chimiques dans les eaux usées ; villes les plus touchées : (Amphet.) Stockholm, Helsinki, Amsterdam, Anvers, Zagreb ; (Meth.), Oslo, Dresde, Londres, Barcelone. (MDMA-Ecsta) Helsinki, Amsterdam, Anvers, Barcelone, Lisbonne, Istanbul.

Héroïne, 28 à 79€/g., pureté de 10 à 30%.

Allemagne - La police fédérale allemande a recensé 359 747 affaires de stupéfiants en 2019, ayant entraîné 284 390 arrestations, dont 87% d'hommes. 27% d'étrangers (11% de Turcs, 8% de Polonais, 7% de Syriens). Dans le pays, 1 398 surdoses mortelles en 2 019 + 9,6% sur 2018. 31 laboratoires clandestins ont été découverts. Cannabis : le taux moyen de cette drogue en THC était en 2009 de ± 7,4% ; c'est 22,6% en 2019.

Benelux - Pays-Bas, pour le plus important syndicat policier du pays «nous sommes devenus un narco-État», marqué par de violentes guerres entre gangs de trafiquants marocains : policiers menacés... un avocat pénaliste assassiné... un narco décapité... Il faut dire qu'avant 2019, ce pays ne comptait aucune... brigade des stupéfiants !

Belgique - d'où vient la cocaïne livrée à Anvers ? (Saisies dans ce port, 1er semestre 2019 : 22,3 tonnes de cocaïne) - Équateur, Brésil, Paraguay, États-Unis et Costa-Rica.

Luxembourg - en 2019, la police grand-ducale a connu 21% de hausse des affaires de stupéfiants sur 2018, mais moins d'interpellations, 187 contre 227 l'année d'avant. 360 kg de cannabis saisis, 1,8 kg de cocaïne, 57g d'amphétamines et ± 51 000 pilules d'ecstasy.

Italie - Au port de Salerne, saisie de 14 tonnes d'amphétamines, 84 millions de cachets de *Captagon*, venant de Syrie.

Royaume-Uni - en 2019, le pays compte de 260 000 à 300 000 héroïnomanes chroniques.

Écosse - Le taux de surdoses mortelles de stupéfiants écossais les trois fois pire que la moyenne britannique et la pire de toute l'UE ; 1 187 morts en 2019, au plus haut depuis 1996.

S3 - Monde [46]

Contexte - généralités

Fin 2019, le monde compte ± 269 millions de toxicomanes. Cannabis ± 192 m., opiacés ± 58 m., meth, ± 27 m., ecstasy ± 21 m., cocaïne ± 19m.

Cultures de pavot, ± 241 000 ha, production, de 472 à 722 tonnes d'héroïne.

Cultures de coca, ± 245 000 ha, production, ± 1 723 tonnes de cocaïne.

Afrique - La cocaïne entre en Afrique par la Guinée-Bissau, qualifiée de "narco-État par l'ONU. 70% de ses 1,6 millions d'habitants y vivent avec moins de 2 US$ par jour et l'administration comme l'armée y sont corrompus. Colombiens, Mexicains et Portugais y trafiquent en masse une cocaïne surtout destinée à l'Europe, via : Gambie, Guinée, Mali, Sénégal, etc.

- **Asie+ Océanie**

Australie (25 millions d'habitants) - Début 2020, la toxicomanie y est au plus haut depuis 2001 (début des statistiques). En 2004, 1% de la population adulte se droguait, 4,2% en 2019. En 2019 encore, 3,4 m. des adultes du pays ont usé d'une drogue dans les 12 derniers mois. 11% des Australiens de 14 ans et plus use de cocaïne régulièrement.

Adultes, usage de drogue le mois passé : cannabis 2019, 11,6 (2016, 10,4) ; cocaïne, 4,2 (2016, 2,5) ; ecstasy, 3% (2016, 2,2) ; opioïdes, 2,7% (2016, 3,3) ; meth, 1,3% (2016, 1,4).

Usage hebdomadaire ou plus : cannabis, 37% ; meth, 17% ; ecstasy, 6,7% ; cocaïne, 4,5%).

Afghanistan - croissant d'Or - Sous contrôle Taliban, la province du Helmand (sud-ouest) y produit 80% de l'opium local, 2/3 du total mondial. La production y explose depuis 2013 et la révélation des panneaux solaires par des agriculteurs se ruinant jadis en diesel pour pomper l'eau, dans un pays sans énergie. L'énergie solaire gratuite (l'installation coûte, une fois, de 5 000 à 7 000 $US) aspire par pompes l'eau de la nappe phréatique, ± 100 m. de fond, pour irriguer bien plus et mieux les plantations. Depuis, le désert fleurit : 67 000 de ces installations "écologiques" y sont dénombrées (par satellites) en 2019 ;

48 000 maisons de plus dans la province, 500 000 habitants nouveaux. Cette irrigation permet d'alterner le pavot avec des cultures licites, égarant la surveillance. Résultat, ± 157 000 ha. de terres agricoles au Helmand en 2012, ± 344 000 en 2019 (toutes cultures).

Production d'opium en Afghanistan : ± 3 700 t. en 2012, 4 800 t. en 2016 ; 9 000 t. en 2017 ; 6 400 t. en 2019 (intempéries) dont ± 5 000 t. au Helmand.

Myanmar - Triangle d'Or - Aux États Shan, la production de stupéfiants chimiques/de synthèse remplace les opiacés à base agricole. Dans cette contrée isolée, les laboratoires clandestins produisent désormais en masse des métamphétamines (*Ice, Crystal...*) et du fentanyl liquide (super-héroïne chimique, 50 fois plus puissante que l'opiacé original). Dans la seule Asie, le trafic de meth' est d'environ 60 milliards de dollars par an au détail. En 2018-2019, 14 laboratoires clandestins ont été saisis au Myanmar.

Amérique latine (& centrale) Guatemala, 500 km. au nord de la capitale, département de Peten : au 1er semestre 2020, 600 000 arbustes à coca arrachés, deux laboratoires découverts. Plus proches du marché nord-américain, ces nouvelles plantations centraméricaines permettraient de le desservir à moindre coût logistique.

Bolivie - surfaces (repérées) plantées en coca : ± 25 500 ha. fin 2019 (+ 10% sur 2018). Première région concernée dans le pays, les Yungas, ± 16 300 ha. Production récente/annuelle de feuilles de coca, de 37 000 à 41 000 t. Ces feuilles de coca vendues en gros valent de 432 à 534 $m., soit de 0,9 à 1,2 du PIB du pays.

Colombie - début 2020, 125 000 à 170 000 familles y vivent de la culture de la coca. 159 000 ha y sont plantés en coca, rendement moyen à l'hectare de 5,8 tonnes de feuilles par an. En 2019, la production de chlorhydrate de cocaïne y a augmenté de 1,5%, à ± 1 340 t.

- **Amérique du Nord**

États-Unis - On y a dépensé en 2016 150 milliards de dollars (au prix de détail) en stupéfiants. 90% des toxicomanes n'y reçoivent jamais le moindre traitement palliatif, ou soins.

Canada - L'idée derrière la légalisation "récréative" du cannabis au Canada était d'y faire disparaître le trafic et le marché noir - "ruinant" ainsi les narcos, prétendait alors une constellation d'anarchistes de naïfs et d'escrocs. En fait, deux marchés coexistent désormais : celui du cannabis légal (plus cher) et illicite (meilleur marché). Entre juillet et octobre 2020, pour le seul État de l'Ontario, 122 000 plants de cannabis illicites ont été arrachés, 195 narcos arrêtés ; 36 armes à feu et ± 50 000 $ en espèces, saisis. En outre, un marché noir de faux permis de production commerciale de cannabis est apparu. Délivrés par "Santé Canada" (département du ministère fédéral de la Santé) ces permis sont bien sûr soumis à contrôle - mais ceux-ci sont fort rares, alors, lesdealers en usent pour se protéger des poursuites. Même triche pour les permis individuels, délivrés dans l'Ontario et la Colombie britannique sur prescription médicale, après une "visite" factice (à distance, par visio...) au médecin.

Lors du confinement, le prix de la cocaïne en gros à Montréal a augmenté de ± 40%, de 55000$can. le kilo, à 72000 $can. ; dans la rue au détail, de 80 à 150 $can. le gramme.

V - T - TERRORISME, DJIHADISME, ETC.

T1 - Djihadisme - France

En octobre 2020, Le Fichier des signalements pour la prévention de la radicalisation à caractère terroriste (FSPRT) comporte ± 22000 noms signalés, dont ± 8000 fiches actives, c'est-à-dire celles d'individus suivis par le renseignement intérieur. Les autres, ± 14000, sont en cours d'évaluation, inactifs ou clôturés. Dans le FSPRT, on trouve 4111 étrangers, sur lesquels 851 clandestins.

T2 - Europe - EUROPOL-TESA[47]

En 2019, attentats terroristes dans l'UE (réussis, déjoués, échoués) : 119 (2018 : 129 ; 2017, 205). En 2019, ces attentats ont causé 10 morts et 27 blessés (origine : les seuls djihadistes).

Attentats djihad.	Réussis	Échec	Déjoués
2017	10	12	11
2018	7	1	16
2019	3	4	14

Sur les 119 attentats : djihadistes, 21 ; “séparatistes”, 57 ; extrême-gauche, 26 ; extrême-droite, 6 ; “monomaniaques”, 3 ; NSP, 6.

Hors de l'Europe : en 2019, 17 citoyens de l'UE ont été tué dans le monde, lors d'attentats terroristes.

PAYS/attentats : UK, 64 ; Italie, 28 ; France, 7 ; Grèce, 4 ; Allemagne, Espagne, 3 ; Danemark, Tchéquie, Pays-Bas, 2 ; Belgique, Lituanie, Pologne, Roumanie, 1.

UK : 3 attentats djihadis, 4 extrême-droite, 56 séparatistes, 1 monomaniaque,

Italie : 2 attentats djihadis, 22 extrême-gauche,

France : 7 attentats djihadis,

Grèce : 2 extrême-gauche,

Allemagne : 3 attentats djihadis,

Espagne : 2 extrême-gauche, 1 séparatiste,

Danemark : 2 attentats djihadis,

Pays-Bas : 2 attentats djihadis,

Tchéquie : 2 monomaniaques,

Lituanie + Pologne 1 extrême-droite,

Belgique : 1 attentat djihadi,

Bulgarie : 1 attentat djihadi.

T3 - Islamisme/terrorisme d'État ? 11 septembre 2001, États-Unis[48]

En 2016, les pompiers de New York des familles de victimes de l'attentat du *World Trade Center* (11 septembre 2001) portent une plainte collective contre l'État saoudien, pour soutien matériel aux terroristes et complicité dans ces attentats. (Riyad le dément). Leurs avocats exigent la dé-classification et la publication des documents officiels établissant ce soutien et cette complicité - ce que Washington refuse obstinément depuis 2002 (à la publication d'un premier rapport sur l'attentat). Motif : secret d'État, danger majeur pour la sécurité nationale.

Des faits apparaissent cependant, à mesure où l'État fédéral américain lâche des bribes d'informations, bon gré mal gré, sous diverses contraintes judiciaires :

- En 1999-2000 des fonctionnaires saoudiens de rang moyen sont affectés à l'ambassade du royaume à Washington ; d'autres, au bureau des affaires islamiques du consulat saoudien à Los Angeles. Figurant bien dans le personnel de l'ambassade, ces fonctionnaires assurent continument le *babysitting* des futurs terroristes du 11 septembre, de leur arrivée aux États-Unis, jusqu'à la veille des attentats : location de logements, pilotage dans la société américaine que ces individus ignorent, ouverture de comptes en banque, appui logistique et financement, etc. Au sommet du dispositif, trois Saoudiens, dont le mufti salafiste Fahad al-Thumairy et l'officier de renseignement Omar al-Bayoumi. Restait leur chef à tous, au nom obstinément caché par Washington, du fait du rang dudit Mussaeed Ahmed al-Jarrah à l'ambassade de Washington (N°2 du bureau des affaires islamiques).

- Or en mai 2020, la directrice adjointe de l'antiterrorisme du FBI, Jill Sanborn, révèle "accidentellement" son nom, dans une note consacrée aux liens de l'ambassade saoudienne à Washington avec la direction d'al-Qaïda.

Les attentats du 11 septembre relèvent-ils alors de l'initiative privée de fanatiques, associés dans l'entité al-Qaïda, qui relève clairement de la société civile ? Ou à l'inverse, s'agit-il d'une forme plus ou moins complexe de terrorisme d'État ?

La question est désormais clairement posée.

Notes

1. *New York Times international* - 7/11 /2020 «How to take on the tech barons» - *New York Times international* - 27/10/2020 «Big dreams and a harsch awakening» - *L'Express* - 22/10/2020 «Numérique : le miroir aux alouettes» - *New York Review Of Books* - 8/10/2020 «Simulating democracy» - *L'Express* - 10/09/2020 «Les nouveaux maîtres du monde» - *L'Express* - 19/05/2020 «COVID-19 : pourquoi les GAFAM ont raté leur rendez-vous avec la médecine» - RT - 15/05/2020 «Phrenology is back, wrapped-up with facial recognition, in a 21st century precrime package by university researchers» - *CNN* - 7/05/2020 «Alphabet gives up its plans to build a futuristic neighborhood in Toronto».
2. "If then - how the Simulmatics corporation invented the future" - Jill Lepore, Liveright ed. 2020.
3. «Billion dollars looser - the epic rise and spectacular fall of Adam Neumann and Wework», Reeves Wiedeman, Little Brown & co. 2020.
4. *CNN* - 4/05/2020 «I Love You : how a badly codes computer virus caused billions in damage and exposed vulnerabilities which remain 20 years on» - *The Hacker And The State*, Ben Buchanan, Harvard University Press - Cambridge, Mass. 2020.

5. THALÈS - octobre 2020 «La cybercriminalité organisée» - EUROPOL - 2020 «Internet Organised Crime Threat Assessment».
6. Rappelons qu'en 2018, le rapport de l'ONG *Global Financial Integrity* «Transnational crime and the developing world» situe le chiffre d'affaires mondial du narcotrafic (vers 2015-2017) à de 462 à 652 mds$/an ; et la contrefaçon-contrebande à de 523-1130 mds$/an.
7. *RT* - 20/07/2020 «Cybercrime on the rise: 23% year-on-year increase as hackers prosper in a world locked down» - *Daily Mail* - 11/07/2020 «Just 18% could spot all of these fraud messages... Could you do better ?» - *BBC News* - 16/06/2020 «One in five experiences cyberfraud each year - *ABC News* - 13/05/2020 «Pandemic has spawned record-breaking cybercriminal activity: report» - *L'Express* - 5/05/2020 «Washington et Londres mettent en garde contre le risque de cyber-attaques durant l'épidémie» - *France-Inter* - 5/05/2020 «Cybercriminalité : avec le confinement, les attaques ont augmenté de 30 000%».
8. *Actu17* - 24/06/2020 «Des pirates publient des documents internes de 200 services de police américains, dont le FBI» - *RT* - 4/06/2020 «US nuclear secrets reportedly stolen from missile contractor: surprised to learn that Russian hackers are blamed again?».
9. accès au contenu de *Blueleaks* : https://data.blueleaks.io/index.htm.
10. *BFMTV+Afp* 27/07/2020 «Garmin retrouve la forme après une longue panne due à une cyberattaque» - *The Sun* - 27/07/2020 «Ransom attack : Garmin ordered to pay, cyberattack that left devices useless» - *BBC News* - 27/07/2020 «Blackbaud hack: second Welsh university data attacked in hack» - *BBC News* - 24/07/2020 «Blackbaud hack: Aberyswyth university's data attacked in global hack» - Forbes - 22/07/2020 «Beware of this internet cat meow: it destroys databases» - *BBC News* - 22/07/2020 «University of York: hackers who stole data get ransom payment» - *The Sun* - 17/07/2020 «Three pals hijack Twitter's most high-profile accounts in Bitcoin scam that spiraled out of control» - *BBC News* - 16/07/2020 «Twitter hacks : what went wrong and why it matters» - *Daily Mail* - 16/07/2020 «Twitter hackers could swing elections, the stock market and potentially start a war, expert warns» - *BBC News* - 9/06/2020 «Babylon Health admits GP app suffered a data breach»... «Honda's global operations hit by cyberattack» - 20 Minutes+Afp - 19/05/2020 «Cyberattaque : les données de 9 millions de clients de la compagnie aérienne Easyjet ont été piratées» - *BBC News* - 12/05/2020 «Hackers hit A-List law firm of Lady Gaga and Madonna» - *BBC News* - 3/05/2020 «Redcarcouncil cyberattacks : 90% of systems working».
11. *Le Parisien* - 7/09/2020 «Entreprises : cyberattaques, la grande menace» - *Les Échos* - 27/07/2020 «MMA : cinq questions sur une cyberattaque qui pénalise l'assureur» - *L'Express+Afp* - 20/07/2020 «Plusieurs entreprises françaises, dont MMA, visées par des attaques informatiques» - *20 Minutes+Afp* - 8/07/2020 «Eure-et-Loir : le conseil départemental victime d'une cyberattaque» - *Le Parisien* - 24/05/2020 «Une filiale du groupe Bolloré touchée par un intriguant rançon-giciel» - *BBC News* - 18/05/2020 «Europe's supercomputers hijacked by attackers for crypto-mining» - *RTL* - 16/05/2020 «Le jackpotting, nouvelle technique pour piller les distributeurs de billets».
12. 3 millions de clients, dont 2,5 de particuliers, ± 1 000 agents généraux et 6 500 salariés. Son site internet est resté inaccessible plus d'une semaine, en juillet. Le groupe COVEA, propriétaire de MMA n'a rien dit du paiement d'une éventuelle rançon.
13. Éléments - août-septembre 2020 «La philanthropie, autre forme de lobbying» - *Daily mail* - 23/07/2020 «America is ranked one of the worst countries in the world to raise a family» - *BFMTV* - 21/07/2020 «Jeff Bezos a vu sa fortune bondir de 13 milliards de dollars en un jour, un record» - *Le Figaro* - 14/07/2020 «En 2019, 8,9% de la population mondiale a souffert de la faim» - *BFMTV+AFP* - 13/07/2020 «La faim dans le monde s'est aggravée en 2019 et risque d'empirer en 2020» - *New York Times* - 13/07/2020 «These are the Deutsche Bank executives responsibles for serving Jeffrey Epstein» - *20 Minutes* - 10/07/2020 «Forte progression du nombre des millionnaires en France par rapport au reste du monde» - *20 Minutes* - 8/07/2020 «Coronavirus : la crise sanitaire redistribue les cartes dans les fortunes de France» - *RT* - 7/07/2020 «Deutsche Bank agrees to pay $ 150 million

fine over ties to Jeffrey Epstein» - *New York Times* - 2/07/2020 «The neoliberal looting of America» - *RT* - 5/06/2020 «Billionaires wealth soars by $565 BILLION during pandemic, while millions loose job» - *L'Express* - 29/05/2020 «Bezos, Musk... Ces huit milliardaires qui se sont le plus enrichi pendant la crise» - *The Independent* - 21/05/2020 «Richest people in UK have grown even richer over past two decades, new research confirm» - *RT* - 21/05/2020 «Another sucker punch for the poor amid COVID-19 crisis, as new study reveals Britain's top 1% enjoy 17% of nation's income» - *The Mirror* - 20/05/20 «Britain's richest pocket even more than we thought, according to a new study» - *CBS News* - 13/05/2020 «Richest people in the world».

14. *New York Review Of Books* - 15/11/2020 «Red Pill - Hari Kunzru - Knopf, NY» - *New York Times International* - 1&/08/2020 «Seattle chaos sows doubts on abolishing police» - *New York Times International* - 1/08/2020 «Marching to disaster» - *RT* - 17/07/2020 «Sickening if true - ex NY police chief says 27 cops reportedly assigned to protect BLM mural as violent crime soars» - *New York Times International* - 8/07/2020 «American exceptionalism has a dark side» - *Daily Mail* - 5/07/2020 «US population growth is driven only by minorities with the white population declining for the first time in the nation's history, according to new census data» - RT - 2/07/2020 "Crime reports in Seattle 5 times higher amid narcotics use & violent crime in CHOP Zone" - *The Week* - 2/07/2020 "Requiem for CHAZ, capitol Hill Autonomous zone" - *RT* - 1/07/2020 "Senate kills bipartisan bill to end war in Afghanistan & repeal 2001 terror war authorization to use military force" - Michael Brenner, July 2020 «Failing to succeed» - *Consortium News* - July 2020 "Michael Brenner, Pax Bolton" - L'Obs+Afp - 23/06/2020 «États-Unis : un Noir n'est pas davantage en danger face à un policier blanc»» - BBC News - 13/06/2020 «George Floyd: how much progress have black people in the US made since the 1960?».

15. Lire par ex. «To start a war : how the Bush administration took America to Iraq» Robert Draper, Penguin Press, 2020.

16. *C News* - 6/11/2020 «mesures de lutte contre la menace terroriste» - Fractures françaises 2020, Ipsos, Sopra Steria - vague 8, septembre 2020 - enjeux & préoccupations - ODOXA-Fiducial, 6 & 7 Juillet 2020 - Baromètre sécurité des Français.

17. *Le Figaro* - 3/08/2020 «Pourquoi les chiffres de la population carcérale continuent de baisser» - Ministère de la justice, Secrétariat général - août 2020 «Observatoire mensuel des peines d'emprisonnement ferme, OPEFM» - *Actu17* - 30/07/2020 «Alès : ils rouent de coups un ado et filment la scène, ils écopent d'un rappel à la loi et d'une réparation pénale» - *Le Figaro+Afp* - 11/07/2020 «Condamné pour trafic de drogue, poursuivi pour un double assassinat... mais finalement libre» - *FR3-Régions* - 8/07/2020 «Grenoble : condamnés pour trafic de drogue, ils quittent l'audience avant le jugement» - *Actu17* - 2/07/2020 «Bordeaux : il agresse un policier hors-service avec une arme blanche et écope d'un rappel à la loi» - *France-Bleu-Besançon* - 29/06/2020 «Contrôlés avec 1,3 kg. d'héroïne près de Besançon, ils sont relâchés par les juges» - *Actu17* - 25/06/2020 «Créteil : le parquet estime que le dealer a été interpellé sur fond de racisme, il est remis en liberté» - *Lorraine-Actu* - 9/06/2020 «Lorraine : un détenu lié à un violent braquage s'échappe, la police le recherche» - *Littoral FM* - 30/05/2020 «Pyrénées orientales : interpellé avec 450 000 euros d'herbe de cannabis, il est relaxé» - *L'Express* - 29/05/2020 «Surpopulation, délinquance... limiter les incarcérations, le nouveau défi de la justice» - *France Bleu Pays Basque* - 27/05/2020 « Bayonne : deux voleurs présumés remis en liberté par la Cour d'appel de Pau pour vice de procédure» - *Le Figaro* - 26/05/2020 «Baisse record de la population carcérale» - *Actu 17* - 25/05/2020 «Paris : interpellé en flagrant délit de cambriolage, il est remis en liberté puis arrêté le jour même pour vol» - *France-Info* - 18/05/2020 «Justice : 13 500 détenus en moins dans les prisons françaises depuis le début du confinement» - *Le Parisien* - 14/05/2020 «Prisons : 12 793 détenus en moins depuis mars, une chute historique» - *France-Info* - 7/05/2020 «Prisons : 5 000 détenus libérés depuis le début du confinement, annonce Nicole Belloubet» - *Sputnik* - 1/05/2020 «La voiture d'un surveillant incendiée sur le parking même de la prison de

Fresnes» - *L'Est républicain* - 1/05/2020 «Braquage : un suspect relâché suite à une erreur de procédure - *AFP* - 15/04/2020 "Avec 10000 détenus en moins, le coronavirus fait chuter la surpopulation carcérale" - *BFMTV* - 15/04/2020 "Coronavirus : près de 10000 détenus en moins dans les prisons françaises".

18. *Le Figaro* - 28/10/2020 «Les parquets alertent sur la violence de la délinquance» - *Le Parisien* - 25/10/2020 «Inquiétante hausse de la délinquance à Paris» - *Rodéo* N°1, octobre 2020 «édition de Bordeaux» - *Le Figaro* - 18/09/2020 «Bordeaux en proie à une insécurité inédite» - *Le Parisien* - 16/09/2020 «Règlements de comptes : l'été meurtrier» - *Le Figaro* - 28/08/2020 «À Grenoble, le quartier Mistral miné par une guerre entre bandes» - *Le Parisien* - 14/08/2020 «Elles enchaînent les passes sous nos fenêtres depuis 5 ans, on ne dort pas» - *Le Figaro* - 7/08/2020 «Soixante-douze heures de violence ordinaire en France» - *Le Point* - 24/07/2020 «Les églises catholiques victimes de 1400 dégradations en 2018 et 2019» - *Sud-Ouest* - 9/07/2020 «Agressions à Bordeaux : la justice durcit le ton» - *Le Parisien* - 19/06/2020 «Assises de l'Essonne : 9 ans et 11 ans de prison pour les braqueurs des boutiques SFR» - *Le Parisien* - 18/06/2020 «Assises de l'Essonne : de 10 à 14 ans de prison requis contre les braqueurs de SFR» - *Le Figaro* - 17/06/2020 «Une note confidentielle s'inquiète de la progression du crime organisé tchétchène en France» - *Le Parisien* - 17/06/2020 «Braquages des boutiques SFR en Essonne : les victimes racontent leurs traumatismes à la barre - *Le Parisien* - 15/06/2020 "Essonne : les braqueurs ciblaient les boutiques SFR" - *Actu17* - 15/06/2020 "Affrontements entre bandes et couvre-feu à Nice : 3 blessés dont un grave, 45 interpellations" - *Actu17* - 15/06/2020 "Ils m'ont massacrée : une grand-mère de 85 ans violemment agressée chez elle par des voleurs" - *RTL* - 12/06/2020 "Le corps d'un docker retrouvé mutilé près du Havre" - *Actu17* - 19/05/2020 "Saint-Ouen : de nombreux fusils, des pistolets mitrailleurs et des munitions découverts dans un parking" - Sénat - Projet de loi de finance 2020 - 21/11/2019, avis N°146 - Protection judiciaire de la jeunesse».

19. *Le Figaro* - 7/09/2020 «Crimes et délits constatés, police + gendarmerie, une radicalisation de comportements» - *La Voix du Nord* - 23/08/2020 «Un jeune homme meurt par balle à Saint-Maurice-Pellevoisin» - *CrimOrg +Agences* - 3/08/2020 «Règlement de compte sur l'A7» - *Le Dauphiné* - 2/08/2020 «Règlement de compte à Grenoble» - *Var-Matin* - 29/07/2020 «Règlement de compte dans une cité de Toulon» - *Le Parisien* - 28/07/2020 «Toulon : deuxième règlement de compte mortel en une semaine» - *BFMTV* - 25/07/2020 «Un homme retrouvé mort dans une cave d'un quartier sensible de Nice» - *BFMTV* - 25/07/2020 «Nîmes : une fusillade fait un mort et trois blessés» - *Le Parisien* - 21/07/2020 «Toulon : un homme tué par balles devant sa famille» - *BFMTV* - 20/07/2020 «Yvelines : un homme tué par balles à Conflans-Sainte-Honorine» - *Le Parisien* - 19/07/2020 «Villeurbanne : un homme tué par balles dans un probable règlement de comptes» - *La Dépêche* - 17/07/2020 «À Toulouse, deux hommes tués en trois jours» - *Actu17* - 17/07/2020 «Essonne : un jeune homme de 18 ans tué par balle et à l'arme blanche en pleine rue à Massy» - *BFMTV+Afp* - 17/07/2020 «Essonne : un jeune homme de 25 ans tué de deux balles dans la tête» - *20 Minutes+Afp* - 16/07/2020 «Toulouse : un jeune homme tué par balle à proximité du Stadium» - *Actu17* - 13/07/2020 «Toulouse : le frère de l'ancien joueur du PSG Serge Aurier tué par balles» - *20 Minutes* - 13/07/2020 «Var : un adolescent de 16 ans tué à coups de couteau dans une bagarre entre bandes rivales» - *Actu17* - 9/07/2020 «Grenoble : un jeune homme de 22 ans tué par balle à la Villeneuve durant la nuit» - *BFMTV* - 6/07/2020 «Hauts-de-Seine : un homme tué et un autre blessé par balles à Nanterre» - *BFMTV+Afp* - 3/07/2020 «Un corps retrouvé dans le Rhône pieds ligotés avec des plaies par balles» - *20 Minutes +Afp* - 29/06/2020 «Var : un homme de 22 ans tué près de Toulon» - *Le Figaro* - 26/06/2020 «Paris : un homme tué par balles dans le 15e arrondissement» - *Le Parisien* - 22/06/2020 «Montpellier : un jeune homme de 21 ans tué par balles» - *Actu17* - 18/06/2020 «Ajaccio : un homme de 28 ans tué par balles sur une terrasse de café» - *Actu17* - 8/06/2020 «Ajaccio : un homme tué par balles sur la terrasse d'un restaurant, un autre tué» - *Actu17* - 6/06/2020 «Marseille : un homme de 37 ans au volant de sa voiture, tué par balles» - *RT* - 6/06/2020 «Jeune de 16 ans

abattu en Seine-Saint-Denis : enquête ouverte pour homicide en bande organisée» - *Actu17* - 5/06/2020 «Saint-Denis : un jeune homme de 18 ans abattu, deux autres blessés par balles» - *Actu17* - 3/06/2020 «Un homme de 19 ans abattu, un autre blessé par tirs de kalachnikov» - *Actu17* - 1/06/2020 - «Marseille : un jeune homme de 22 ans blessé par balles durant la nuit dans une cité» - *Actu17* - 1/06/2020 - «Val-de-Marne : un jeune homme grièvement blessé par balles à Orly, les tireurs en fuite» - *BFMTV* - 17/05/2020 «Besançon : un jeune de 17 ans tué par balle, le tireur recherché» - *20 Minute+Afp* - 15/05/2020 «Marseille : un jeune homme, victime d'une tentative d'homicide par le passé, tué par balles».

20. *AFP+Ouest-France* - 28/07/2020 «Quimper, une évolution de la délinquance» - *AFP+Ouest-France* - 3/07/2020 «Confinement : la délinquance a chuté de 7%, mais les violences intrafamiliales ont cru de 4%» - *Le Télégramme* - 10/06/2020 «Délinquance : les surprises du confinement» - *20 Minutes* - 9/06/2020 «Dé-confinement à Paris : les chiffres de la délinquance repartent à la hausse mais sont inférieurs à ceux se 2019» - *Sud-Ouest* - 6/06/2020 «Une reprise mécanique de la délinquance» - *La Dépêche* - 2/06/2020 «Tarn-et-Garonne : la délinquance a fortement chuté» - *Europe1* - 27/05/2020 «Tous les actes de délinquance ont baissé pendant le confinement, sauf les violences intrafamiliales» - *Le Figaro* - 26/05/2020 «Escroqueries, contrefaçons, chantages informatiques, la crise du COVID-19 inspire les réseaux de toute l'Europe» - *Le Courrier Picard* - 24/05/2020 «Crimes et délits : la Picardie confinée n'était pas si tranquille que ça» - *20 Minutes+AFP* - 15/05/2020 «Coronavirus : le trafic de drogues a baissé de 30 à 40% lors du confinement» - *Le Midi Libre* - 14/05/2020 «Cambriolages; meurtres : une baisse historique de la délinquance en avril» - *Paris-Match* - 12/05/2020 «Bretagne : forte baisse de la délinquance durant le confinement» - *Lyon-Capitale* - 8/05/2020 «Coronavirus à Lyon : comment a évolué la délinquance durant le confinement?» - *Ouest-France* - 7/05/2020 «Coronavirus : Loire-Atlantique, la délinquance en chute libre depuis le début du confinement» - *France-Bleu-Isère* - 6/05/2020 «Confinement : en Isère, la gendarmerie se mobilise contre les violences conjugales» - *La Voix du Nord* - 3/05/2020 «Dunkerquois : la délinquance perd du terrain pendant le confinement» - *Le Progrès* - 2/05/2020 «Cambriolages, vols de véhicules, coups et blessures... la délinquance repart à la hausse» - *Le Midi Libre* - 30/04/2020 «Pendant le confinement, les chiffres de la délinquance se sont effondrés» - *Le Berry* - 30/04/2020 «Cher : la délinquance en baisse de 40 à 60%, les violences intrafamiliales en hausse» - *FR3-Régions* - 29/04/2020 «Dordogne : depuis le confinement, la délinquance a totalement changé de visage»» - *Ouest-France* - 29/04/2020 «Confinement et délinquance : moins de vols et cambriolages, plus de violences familiales» - Fox News - 28/04/2020 «Illegal drug trade struggles amid coronavirus, giving law enforcement the upper hand» -mondialement *BFMTV* - 24/04/2020 «À Paris, très forte hausse des cambriolages dans les commerces» - *France-Info* - 24/04/2020 «Confinement à Paris : les cambriolages dans les commerces sont en très forte hausse» - *20 Minutes* - 24/04/2020 «Coronavirus, Gironde : la délinquance fléchit, les gendarmes renouent avec la prévention» - *Le Parisien* - 23/04/2020 «Avec le confinement, le trafic de drogue chute de 85% en Essonne» - *RT* - 22/04/2020 «Forget oil, cocaine prices in France surge thanks to coronavirus crisis» - *BFMTV* - 22/04/2020 «Confinement : la délinquance en forte baisse» - *Le Progrès* - 21/04/2020 «Confinement : infractions constatées, - 66% en un mois» - *Europe1* - 20/04/2020 «La délinquance en chute libre, du jamais vu à Paris - *La Provence* - 20/04/2020 "Vaucluse : le confinement fait chuter les chiffres de la délinquance" - *Var Matin* - 19/04/2020 "On connaît les premiers effets du confinement sur la délinquance dans le Var" - *L'Union* - 17/04/2020 "Délinquance en baisse avec le confinement dans l'Aisne" - *Le Télégramme* - 16/04/2020 "Baisse record de la délinquance en Bretagne" - *France-Info* - 11/04/2020 "Coronavirus : les trafics de stupéfiants connaissent un ralentissement, voire un coup d'arrêt" - *France-Info* - 10/04/2020 "Pénurie, hausse des prix et risques de violences : comment le confinement déstabilise le trafic de drogue en France" - *La Voix du Nord* - 9/04/2020 "Coronavirus : la délinquance en chute dans le Nord, sauf entre voisins et concubins" - Corse-Matin - 8/04/2020 "La délinquance ne résiste pas

à la crise sanitaire" - *La Dépêche du Midi* - 8/04/2020 "Très forte baisse des cambriolages en Ariège"... Avec le coronavirus, le nombre de crimes et délits enregistrés sont en baisse... Comment le COVID-19 bouscule la délinquance» - *L'Union* - 7/04/2020 «Les crimes et délits en forte baisse» - L'Express+Afp - 7/04/2020 «Les crimes et délits en baisse au temps du confinement» - *AFP+France-Télévisions* - 6/04/2020 «Coronavirus : les crimes et délits en forte baisse au mois de mars avec le confinement» - *Le Parisien* - 6/04/2020 «Le confinement fait chuter les chiffres de la délinquance» - *20 Minutes* - 6/04/2020 «Coronavirus : clients confinés et stocks amoindris... En Seine-Saint-Denis, le trafic de drogue tourne au ralenti» - *C News* - 2/04/2020 «Confinement : chute de la délinquance à Grenoble» - *Valeurs Actuelles* - 2/04/2020 «Le coronavirus, un coup dur pour le trafic de drogue» - *BFMTV* - 2/04/2020 «22 Cambriolages en quatre jours dans la région parisienne : les commerces ciblés pendant le confinement» - *Le Parisien* - 2/04/2020 «Dans les quartiers nord de Marseille, les trafics reculent avec le confinement».

21. Le Figaro - 9/09/2020 «La Cour des comptes alerte sur la fraude sociale» - La Tribune - 1/07/2020 «Fraude fiscale internationale : les États musclent leurs échanges de données».

22. *Washington Post* - 9/10/2020 «Crime rose unevenly when stay-at-home orders lifted. The racial disparity is the widest in years» - *RFI* - 31/05/2020 «Coronavirus : dans le monde entier, le crime organisé profite de la crise sanitaire» - *RT* - 31/05/2020 «Coronavirus : dans le monde entier, le crime organisé profite de la crise sanitaire - *Les Échos* - 25/05/2020 "La mafia au secours des entreprises italiennes en difficulté" - *The Sun* - 21/05/2020 "How drug cartels are exploiting coronavirus - handing out food to the poor to get them on side and slaughtering rivals" - *The Guardian* - 13/05/2020 "Falls in gun and knife crime a silver lining to pandemic says MET chief - Cressida Dick says many criminals inhibited in their activities under lockdown" - *Daily Mail Australia* - 11/05/2020 "The crimes that have nosedived during coronavirus lockdown" - *Insight Crime* - 4/05/2020 "Six ways coronavirus is impacting organized crime in the Americas" - *BBC News* - 27/04/2020 "Salvador : gangs taking advantage of pandemics" - *The Week* - 27/04/2020 "The pandemic isn't changing crime like you'd expect" - *Voice of America* - 27/04/2020 "Recul du crime organisé en Amérique centrale, alors que les violences domestiques se multiplient" - *BBC News* - 24/04/2020 "Coronavirus lockdown : how has it affected crime ?" - *CBS News* - 24/04/2020 "Miami goes seven weeks without a homicide for first time since 1957" - *Médias24-Maroc* - 22/04/2020 "Drogues : l'état d'urgence assèche progressivement les circuits de distribution" - *The Economist* - 22/04/2020 "COVID & crime" - *The Sun* - 19/04/2020 "Drug cartels scrambling as coronavirus shuts borders and cuts supply chains around the world" - *Daily Mail* - 13/04/2020 "Burglaries plummet by more than 30% in parts of Britain" - *ABC News* - 11/04/2020 "Crime drops around the world as COVID-19 keeps people inside" - *RT* - 2/04/2020 "Why can't even a pandemic lockdown stop Americans from being gunned down in mass shootings ?" - *KTNV* - 1/04/2020 "Drop in crime in Las Vegas during COVID-19 pandemic".

23. Homicides, viols & agressions sexuelles, vols avec arme & violences, incendies volontaires, vols aggravés, etc.

24. Octobre 2020 - Lloyd's register foundation + Gallup - World Risk Poll - L'Express - 13/07/2020 «Les chiffres montrant la métropolisation galopante de la planète» - Le Point - 19/05/2020 «D'ici 2100, la surface des villes pourrait être multipliée par six».

25. Ernst Jünger, Carl Schmitt, Correspondance 1930-1983 - Krisis– Pierre-Guillaume de Roux ed., 2020 - Texte de Carl Schmitt «Souveraineté des États et liberté des mers» - International Chamber of Commerce, International Maritime Bureau, août 2020 (1er semestre 2020) - *RT* - 17/07/2020 «Piracy and armed robbery in Asia almost doubles in a year, study finds» - *BBC News* - 17/07/2020 «Coronavirus : piracy incidents double across Asia during the pandemic» - *New York Times International* - 30/06/2020 «Pirate attacks surge off Mexico's coast».

26. *Le Figaro* - 30/09/2020 «La fraude coûte 90 milliards de dollars par an à l'Afrique» - *BBC* - 2/06/2020 «Nigeria's campus cults : Buccaneers, Black Axe and other feared groups».

27. *New York Times International* - 15/09/2020 « After Colombia peace deal, a massacre every two day ».
28. *The Sun* - 28/07/2020 « Who is the leader of the Sinaloa cartel Mayo Zambada » - *Daily Mail* - 20/07/2020 « Mexican president says no war after shocking cartel video » - *The Sun* - 19/07/2020 « Mexico's Jalisco drug cartel pose with military grade weapos, chanting name of leader "Mencho" in terrifying footage » - *NBC News* - 14/07/2020 « Mexico reeling ober 73 000 missing, according to new numbers » - *The Sun* - 12/07/2020 « El Chapo bloodthirsty sons wage brutal war to seize dad's narco kingdom from his old business partner » - *BBC News* - 12/07/2020 « Mexico crime: could this become the bloodiest year on record? » - *New York Times international* - 9/07/2020 « Mexico's drug cartels are profiting from COVID-19 » - *Le Figaro* - 2/07/2020 « Le crime organisé déclare la guerre à l'État mexicain » - *Paris-Match* - 26/06/2020 « Le chef de la sécurité de Mexico blessé dans un attentat » - *The Sun* - 25/06/2020 « Stone cold killers, El Chapo machine-gun wielding narco army replace cops in Mexico's lawless golden triangle » - *Daily Star* - 23/05/2020 -"Inside El Chapo hit squad Los Anthrax who dismember victims and keep corpses in freezers" - *The Sun* - 21/05/2020 « How drug cartels are exploiting coronavirus - handing out food to the poor to get them on sice and slaughtering rivals ».
29. *Fox News* - 31/07/2020 « NYC's tally of shooting victims surpasses 2019 level in July, stats show » - *The Sun* - 28/07/2020 « Congressman Steve Cohen slams Bill Barr at hearing for allowing Jeffrey Epstein to conveniently commit suicide » - *Fox News* - 27/07/2020 « Chicago violence: 2 dead, 47 injured in another bloody weekend » - *RT* - 27/07/2020 « Al Capone would be proud : Chicago is the corrupt-crime infested capital of the US, a glimpse of a distopian future » - *New York Times* - 27/07/2020 « Two teenagers are among 8 killed on deadly day in New York City » - *AP* - 27/07/2020 « St. Louis police says 7 shot in 11-hours span in Sunday » - *Le Parisien* - 22/07/2020 « Insécurité, meurtres, émeutes, New York renoue avec le crime » -*New York Times* - 16/07/2020 « Shootings have soared, is the NYPD pulling back? » - *New York Times* - 14/07/2020 « NYC's wave of gun violence continues with 3 drive-by shootings » - *RT* - 12/07/2020 « Why is crime spiking in NYC ? People can't pay their rent and need to shoplift » -*RT* - 11/07/2020 « Heinous and unprovoked, stabbing spree on New York subway » - *NBC* - 11/07/2020 « News, fatal encounters : one man is tracking every officer-involved killing in the US » - *Daily Mail* - 10/07/2020 « We're taking back the streets: mayor Bill De Blasio orders more cops to be stationed across NYC to curb gun violence » - *New York Times International* - 9/07/2020 « Violence down over all, but murders rise » - *NBC News* - 9/07/2020 « Gun violence is surging in cities, and hittig communities of color hardest » - *RT* - 6/07/2020 « Where are the protests ? Firearmes overtake fireworks as shootings over July 4th weekend scores deads in big US cities » - *New York Times* - 5/07/2020 « Chicago gun violence spikes and increasingly findsthe youngest victims » -*RT*3/07/2020 « The right time to defund cops? NYC gun crime hitting new heights as city culls police budgets by $ 1 bn. » - *Zero Hedge* - 29/06/2020 « The new normal in NYC ? 11 people shot in under 12 hours » - *RT* - 22/06/2020 « 104 people shot & 5 kids dead over father's day weekend in Chicago » - *RT* - 21/06/2020 « Murders, violence on the rise in NYC, as footage show man killed washing his car, 92 YO woman randomly assaulted » - Institut pour la Justice, juillet 2020 + *City Journal*, juin 2020 « La police américaine est-elle violente? » - « The toxic narrative about police is wrong » - *Libération*, 3/06/2020 « Check-News » - *Daily Mail* - 1/06/2020 « Sixteen people shot and killed and at least 30 are injured in shootings across Chicago over the week-end » - *Business Insider* - 18/05/2020 « There's been a surge in armed robberies in California, as criminals use coronavirus face masks to hold-up stores » -*CBS News* - 24/04/2020 « Miami goes seven weeks without a homicide for first time since 1957 ».
30. Homicides à Chicago durant tout 2017, 658 ; tout 2018, 567 ; tout 2019, 492.
31. *New York Review Of Books* - 20/08/2020 « What replaces prisons ».

32. *New York Review Of Books* - 20/08/2020, *op. cit.* - AP - 10/07/2020 "Q&A: US government not as prolific an executioner as states".
33. Commission européenne - Bruxelles - 10/09/2020 «Écarts de TVA : les pays de l'UE ont perdu 140 milliards d'euros de recettes de TVA en 2018, chiffre qui risque d'augmenter en 2020 en raison de la COVID-19» - *France-Info* - 23/07/2020 «Bruneau Retailleau a-t-il raison d'affirmer que la France a le plus haut taux d'homicides en Europe ?».
34. Au rayon cloaque politico-affairiste de notre histoire, souvenons-nous de ce chiffonnier-milliardaire qui, de l'Occupation à la IVe République, charma, corrompit, combina, en soudoyant maints grands personnages. Lire «Joinovici, l'empire souterrain du chiffonnier milliardaire» (Henri Sergg, Le Carrousel, 1986).
35. *Ruhr Nachrichten*+CrimOrg - 17/08/2020 «Allemagne : progression des clans ethniques en Rhénanie du Nord - Westphalie» - *RTL*-Lux. - 8/08/2020 «Les cambriolages au Luxembourg - *Equinox* - 29/07/2020 "Délinquance à Barcelone, les quartiers les plus touchés" - *Figaro+Afp* - 7/07/2020 "Pays-Bas : découverte de conteneurs de torture utilisés par des criminels" - *Luxemburger Wort* - 30/06/2020 "La police améliore son efficacité en 2019".
36. *New York Times International* - 14/08/2020 « Gun violence leaks into Britain » - *RT* - 18/07/2020 « As lockdown loosens, more black men are stabbed in London. But Black Lives Matter has nothing ot say » - *The Sun* - 17/07/2020 « Knife crime rises - *BBC News* - 17/07/2020 "Knife crime in England+Wales at record high, figures show, and Wales has risen to a new record high, says the Office for National Statistics" - *The Sun* - 17/06/2020 "Knife crime in Britain hits record high as offence reported every 11 minutes". *The Guardian* - 15/04/2020 "Crime in UK falls sharply since start of coronavirus lockdown" - *The Guardian* - 13/04/2020 "Falls in gun and knife crime a silver lining to pandemic, says MET chief".
37. *L'Express* - 29/09/2020 «La Suède au temps des vendettas» - *Le Parisien* - 26/09/2020 «La Suède aux mains de clans mafieux» - *CrimOrg*+Agences - 3/08/2020 «Fusillade en Suède : une fillette tuée» - *RT* - 8/05/2020 «Would you like bullets with that ? Swedish gangsters unload on McDonalds with AK 47 in drive-by shootings ».
38. *The Sun* - 28/07/2020 « Who is Semion Mogilevich and where is he now ? » *Ziare* (Roumanie)+ CrimOrg - 25/07/2020 «Les clans criminels de Roumanie».
39. Conseil de l'Europe - DC088 - 18/06/2020 «Le recours aux sanctions et mesures non-privatives de liberté progresse en Europe».
40. Gatestone Institute - 10/09/2020 «Will Denmark become like Sweden?» - Statistics Denmark - september 2020 - *RT* - 20/07/2020 «Police chief hits back at Swedish scholars who suggest racist force should be dismantled or reduced - *AFP* - 3/07/2020 «État d'urgence sur l'Ocean Viking, en proie à des troubles sécuritaires» - *20 Minutes+Afp* - 27/06/2020 «Les chiffres de la migration illégale rebondissent après une baisse record, selon Frontex» - EASD - 25/06/2020 «European asylum support office receives 1/3 of global asylum applications in 2019» - Études Springer (Allemagne) 13/01/2020 "Migrants and crime in Sweden in the twenty-first century" *Berlingske Tidende* - 16/08/2019 "articles sur les attentats à la bombe au Danemark et en Suède" - *Dagens Nyheter* - articles, 2017.
41. *Le Temps* - 26/07/2020 «Au moins 400 membres de la mafia vivent en Suisse» - *Le Figaro+Afp* - 23/07/2020 «Six membres de la mafia calabraise arrêtés dans une opération internationale» - *Le Temps* - 22/07/2020 «La Suisse, extension armée et financière de la mafia calabraise» - *La Reppublica*+CrimOrg - 16/06/2020 «Mafia : un nouveau pacte Sicile-New York mis à jour» - *Les Échos* - 25/05/2020 «La mafia au secours des entreprises italiennes en difficulté» - Police fédérale belge - 12/05/2020 «Article sur Cosa Nostra et opération d'envergure effectuée en Italie» - Direction des investigations antimafia - 2e semestre 2019 - Rapport de la direction.
42. Longtemps commandée par don Stefano Fontana, fidèle de Toto Riina mort en 2013, la famille de l'Acquasanta est aussi le siège d'un *mandamento*, préfecture mafieuse regroupant trois-quatre familles contiguës.

43. *Cosa Nostra News* - 1/09/2020 «Ndrangheta clash in Toronto : when the wolfpack stood up to Siderno» - *Journal de Montréal+CrimOrg* - (10, 21, 23)/07/2020 «Un boss mafieux tué par balles dans l'Ontario» - *About the Mafia* - 11/07/2020 «Canadian mobster Paul Musitano, 52, murdered» - *Journal de Montréal* - 26/06/2020 «Un ancien leader de la mafia refait surface» - *Journal de Montréal* - 22/06/2020 «Accalmie dans le crime organisé» - *About the Mafia* - 20/05/2020 «Detroit mobster Antonio «Toto» Rugirello dead at 83» - Peter Bart «Infamous players - a tale of movies, the mob (and sex) - Hachette Books US, 2011.

44. *Le Parisien* - 8/10/2020 «Dans la Seine, un étonnant cocktail de médicaments» - *L'Éveil normand* - 21/10/2020 «Comment le port du Havre est devenu la porte d'entrée de la cocaïne en France» - *Libération* - 18/09/2020 «À Saint-Ouen, c'est une véritable entreprise capitaliste» - *Le Parisien* - 18/09/2020 «Ce point de deal rapportait jusqu'à 30 000€ par jour» - *Libération* - 18/09/2020 «Trafic de drogue : mutations à haute dose» - *La Provence* - 14/08/2020 «Coup de tabac chez les contrebandiers de cigarettes» - *Le Figaro* - 13/08/2020 «La folle poussée de l'herbe de cannabis en France» - *Le Parisien* - 6/08/2020 «Les trafics de tabac passent par la Belgique, l'Allemagne, le Maroc» - *La République du Centre* - 7/07/2020 «La drogue irrigue (aussi) la campagne» - *RTL* - 12/06/2020 «Le corps d'un docker retrouvé mutilé près du Havre» - *France-Info* - 20/05/2020 «Drogue : les cultivateurs de cannabis profitent de la crise sanitaire» - *Le Point+Afp* - 19/05/2020 «Alcool, tabac et cannabis en baisse chez les adolescents» - *20 Minutes+Afp* - 15/05/2020 «Coronavirus : le trafic de drogues a baissé entre 30 et 40% pendant le confinement».

45. Septembre 2020 - BKA+CrimOrg - Allemagne - publication du rapport annuel sur les drogues» - Rapport 2020 de l'Observatoire européen des drogues et des toxicomanies, OEDT - septembre 2020 - *L'Essentiel* (Luxembourg) +CrimOrg - 7/08/2020 «Bilan annuel de la police en matière de stupéfiants» - *The Sun* - 14/07/2020 «How Netherlands is becoming a narco state where victims are tortured in dentists chairs & kids peddle drugs at just 12» - *Belga* - 7/07/2020 «La mafia de la drogue a voulu profiter d'une crise mondiale» - *BBC News* - 2/07/2020 «Operation Venetic: more than 50 arrests in unprecedented crime raids» - *BFMTV* - 1/07/2020 «Italie : saisie record de 14 t. d'amphétamines produites en Syrie par Daesh».

46. *Le Droit* (Canada) + CrimOrg - 31/10/2020 «Ontario : malgré la légalisation du cannabis, le marché noir se porte bien» - *La Presse* (Québec)+CrimOrg - 10/09/2020 «Québec : trafic de permis de cannabis» - CrimOrg+Agences - 7/08/2020 «Éradication de coca dans le nord du Guatemala» - ONUDC - juillet 2020 «Rapport sur les cultures de coca, Bolivie, 2019» - *Fox News* - 31/07/2020 «Estimates suggest drug overdoses on the rise since coronavirus outbreak» - *BBC News* - 27/07/2020 «What the heroin industry can teach us about solar power» - *RT* - 16/07/2020 «Drug use in Australia at highest level in almost 20 years, survey show» - Juillet 2020 - CrimOrg - Austalian institute of health and welfare - Étude sur la consommation de drogues - National Drug Strategy Household Survey - *Journal de Montréal*+CrimOrg - 27/06/2020 «Explosion du prix de la cocaïne à Montréal» - ONUDC+CrimOrg - juin 2020 «Rapport sur les cultures de coca en Colombie» - ONU - juin 2020 «Rapport mondial sur les drogues» - *BBC News* - 28/05/2020 «Cocaine and Guinea-Bissau : how Africa narco-state is trying to kick its habit» - *RT* - 24/05/2020 «The New York Time's powerful front page listing COVID-19 victims weepy piece of emotional browbeating» - *CNN* - 18/05/2020 «Myanmar - police make Asia's biggest drug bust in decades, seizing 200 million meth tablets» - *BBC News* - 18/05/2020 «Myanmar police seize largest haul of synthetic drug».

47. Europol EU - «Terrorism situation & trend report - TESA 2020» (yr 2019), dernier paru.

48. *RT* - 13/05/2020 « Oops ! FBI accidentaly reveals name of Saudi diplomat who helped 9/11 hijackers after years of 'national security' stonewalling ».

France : le gouffre insondable de la fraude sociale

Xavier RAUFER

D'abord : la fraude fiscale, c'est de l'argent qui ne rentre pas ; mais la fraude sociale, ce sont *des sommes énormes pillées tous les mois.*

Un pillage en augmentation continue. En réalité, une «fraude structurée, en expansion, qui exploite systématiquement les failles de notre système de protection sociale» *(La Commission parlementaire, voir ci-après).*

- Un seul individu peut impunément et durablement déclarer 70 (soixante-dix...) enfants,

- Depuis la Roumanie, deux couples de Roms déposent 1 200 (mille deux-cents) dossiers de grossesse et s'évaporent avec 1,7 million d'euros.

- Dans sa totalité, toute la fraude aux PRÉLÈVEMENTS sociaux et aux PRESTATIONS sociales s'inscrirait ainsi dans une fourchette annuelle de 20 à 40 milliards d'€. De ceci, une forme de recoupement : Sur toutes les Caisses sociales, la CNAF est *seule* à évaluer son propre taux de fraudes (2019 : ± 2 milliards d'€). Par extrapolation on obtient, pour l'ensemble du périmètre défini (ci-après) par la Cour des comptes, une fraude annuelle de ± 30 milliards d'€.

Fraude sociale : tout est fait pour qu'on ne sache pas

• La Commission d'enquête de l'Assemblée nationale relative à la fraude sur les prestations sociales «n'a pu en appréhender correctement l'ampleur». L'approche même du montant de cette fraude (que la Commission qualifie de «gangrène») «relève de 'l'impossibilité matérielle... les données disponibles ne permettent pas de parvenir à un chiffrage assez fiable».

- Pour le député UDI Pascal Brindeau, «le total possible de la fraude pourrait atteindre les 14 mds.€, voire plus». Ce député parle de «zones d'ombre... incohérences... erreurs, laxisme et désorganisation des services - même, de manipulation de documents». Des administrations refusent de répondre aux élus ! Le désordre règne entre la CNAF, la CNAM, Pôle-emploi, organismes vivant dans «la culture du versement» et la «phobie du contrôle».

Le périmètre du système de protection sociale et les gisements fraude

Caisse d'allocations familiales	*primes d'activité* *aides au logement* *Revenu de solidarité active*
Caisses primaires d'assurance-maladie	*professionnels et lieux de santé*
Caisses de retraite	*minimum-vieillesse*
Pôle-emploi	*reprises d'activités non-déclarées*

• Viennent en débit du tout, les «*taux de non-recours*», bénéficiaires potentiels ne s'inscrivant pas, etc. Pour la Couverture maladie universelle (CMU) complémentaire par exemple, ce taux de non-recours s'inscrirait dans une fourchette de 32 à 44% des bénéficiaires potentiels.

• La Cour des comptes.

Le périmètre des prestations qu'elle étudie s'élève à 521,4 milliards d'€, (versés en 2019) soit 21,5 % du PIB, somme versée par :

- les organismes dépendants de la Caisse nationale d'assurance-maladie,

- les organismes dépendants de la Caisse nationale d'assurance-vieillesse,

- la Caisse nationale des affaires familiales,

- Le système de retraites complémentaires AGIRC-ARRCO,

- Pôle-emploi.

*** *Aujourd'hui, entre ces divers organismes et caisses bien cloisonnés, tout recoupement est quasi-impossible.*

Ce que constatent ces diverses enquêtes sur les fraudes

En 2017, la Cour des comptes estime (selon ce qu'elle *voit*) la fraude aux organismes sociaux à ± 850 millions d'euros (m.€). en 2019, ce serait 1 milliard d'euros (md.€) sur 450 milliards de prestations versées. En outre, selon la Cour «la seule fraude à la Caisse nationale d'allocations familiales (CNAF) atteindrait (2019) 2,3 mds.€».

• La France compte ± 67 millions d'habitants et 72,4 millions de titulaires d'un NIR (*Numéro d'inscription au Répertoire)* avec droits ouverts ; là-dessus, 5,2 millions de «bénéficiaires à l'identité floue».

• ASSURANCE-MALADIE - Pour le Système national d'informations inter-régimes de l'assurance maladie, ces régimes totalisent au 31/12/2018 75,3 millions de bénéficiaires, après dé-doublonnage. 8,2 millions de «fantômes» par rapport à la population vivante en France au 1/01/2020. Faux, dit la direction de la Sécurité sociale, des «fantômes», il y en a 2,4 millions. La direction de la Sécurité sociale n'explique pas d'où proviennent ces «fantômes» et semble-t-il, s'en moque. Pour les députés et magistrats concernés, la «Sécu» ne sait dire qui sont les fraudeurs, d'où ils viennent, ni n'explique les écarts constatés. Avec les autres régimes de protection sociale, cela fait ± 3 millions de «fantômes». Tous ont des droits ouverts, mais «on» ignore s'ils en usent pour toucher des prestations.

• CARTES VITALE : il y en aurait ± 573 000 en surnombre (doublons). Là-dedans, combien de fraudeurs ? le présent dispositif ne permet pas de le savoir.

• Régime spécial des armées : le «doyen des cartes vitales actives» y a ... 128 ans ; ce fichier contient en outre 250 titulaires de plus de 120 ans.

Les immenses failles d'un système dépassé

Toute l'information converge au RNCPS (Répertoire national commun de la protection sociale). Tout titulaire d'un NIR y détient sa «fiche» contenant les données suivantes :

- Identification du bénéficiaire,
- Affiliation (rattachement administratif à divers organismes),
- nature des risques couverts et des avantages servis,
- adresse déclarée pour le/les percevoir.

Ce ficher RNCPS n'est en fait qu'une antédiluvienne boîte aux lettres incapable, par exemple, de donner l'historique d'un quelconque NIR.

À la demande de la commission parlementaire, un test est effectué sur les dossiers de fraudeurs avérés : ils ont en moyenne perçu illicitement (par mois) 698,00 €, soit de 8 000 à 9 000 € par dossier et par an. Or aujourd'hui, l'un des (rares) faits avérés est que ± 152 000 individus détiennent plusieurs cartes Vitale actives. Prenons ici les éléments minimaux (152 000 x 8 000 €) : on en est déjà à 1, 24 milliard d'€ de fraude.

Autre test réalisé par la caisse de retraite AGIRC-ARRCO sur les prestations qu'elle délivre en Algérie : sur un échantillon de 1 000 retraités locaux de 85 ans+, 40% de fraudeurs.

Que faire ?

Le monde des prestations sociales fonctionne en France ***sur la seule base du déclaratoire*** et ignore tout des fraudes identitaires, du cyber-crime et du piratage. Ce quand par ailleurs, on compte en France 200 000 cas connus d'usurpation d'identités par an.

La police et la gendarmerie N'ACCÈDENT PAS au fichier TES (Titres Électroniques Sécurisés) servant à réaliser les CNI et passeports !!!

La Commission d'enquête de l'Assemblée nationale sur la fraude sociale demande la création d' «Une véritable agence de lutte antifraude», vouée à croiser les fichiers sociaux, fiscaux, bancaires, consulaires et scolaires, vérifier les identités et revenus des bénéficiaires. La mission de cette agence antifraude serait, pour la gestion courante des prestations, d'assurer le passage du contrôle a posteriori, au contrôle A PRIORI.

Sources et références

AFP - 14/09/2020 «Un député tente de chiffrer le coût de la fraude sociale en France, sans succès»

Le Point - 9/09/2020 «En France, il y a cinq millions d'assurés sociaux de plus que de résidents»

Challenge - 9/09/2020 «Incapable de chiffrer la fraude sociale, la Cour des comptes veut l'assécher à sa source»

RMC - 9/09/2020 «Deux couples ont monté 1 200 dossiers de fausses grossesses : 1,7 million d'€ de plumés»

Capital - 09/2020 «Prestations sociales : au moins 2,5 millions de bénéficiaires-fantômes»

L'Express - 9/09/2020 «Ces trois chiffres qui illustrent l'ampleur de la fraude sociale en France»

Libération - 9/09/2020 «La fraude aux prestations sociales encore difficile à chiffrer selon la Cour des comptes»

Le Parisien - 8/09/2021 «Un milliard d'euros en 2019 : la fraude sociale s'envole».

Les entités criminelles au service du parti bosniaque SDA à Sarajevo, 1991-1995

Patrick BARRIOT[1]

Lors de la guerre de Bosnie (1992-1995), les souffrances des populations civiles ont été instrumentalisées par un double processus de victimisation et de diabolisation, deux processus formant les deux faces d'une même pièce. Manipuler la souffrance vise surtout à mobiliser l'opinion publique occidentale au nom de principes humanitaires supérieurs. Dans une guerre civile, la victimisation d'une partie au conflit permet à une communauté de se présenter comme la principale victime, pour encourager les puissances occidentales interventionnistes à s'impliquer en sa faveur au nom du droit d'ingérence humanitaire. L'utilisation de la rhétorique de la Seconde Guerre mondiale conduisant en outre à des analogies outrancières, des comparaisons inappropriées et des amalgames indécents. La diffamation et la déshumanisation de l'autre partie au conflit génèrent la haine à son égard, la privent de toute compassion et justifient les mesures coercitives à son encontre. Dans cette guerre, les ONG et les principaux médias ont focalisé leur attention sur les souffrances réelles des Musulmans bosniaques en occultant celles de la population civile serbe. Vingt-cinq ans après la fin de la guerre, une Commission internationale d'enquête instituée par la Republika Srpska (entité serbe de Bosnie) a permis de faire la lumière sur le calvaire des Serbes de Sarajevo entre 1991 et 1995[1].

Début 1991, Alija Izetbegović et Sefer Halilović constituent la Ligue Patriotique (Patriotska Liga), organisation paramilitaire au service de leur parti politique, le Parti d'Action Démocratique (SDA) créé en

1990. Cette Ligue Patriotique (LP) doit permettre au SDA d'éliminer ses rivaux et d'accéder au pouvoir. Les unités de la LP, notamment ses «bérets verts», forment l'embryon de la future armée bosniaque islamisée. Reconnue dès avril 1992 sans négociation préalable, l'indépendance de la Bosnie-Herzégovine provoque la dissolution du gouvernement pluriethnique de Sarajevo et le SDA s'empare du pouvoir en excluant les tendances musulmanes modérées, notamment le parti de Fikret Abdić. Alija Izetbegović est alors bien connu pour son prosélytisme en faveur d'un islam radical. Son programme est clairement annoncé dans sa "Déclaration islamique", écrite à la fin des années 1970 ; rééditée par le SDA en 1992 et largement diffusée en Bosnie [2].

De 1992 à 1995, les Serbes de Sarajevo subissent un double blocus (interne et externe) et une campagne de terreur planifiée par le SDA au sommet de l'État. Les principaux acteurs de cette campagne de terreur sont recrutés par Alija Izetbegović et Sefer Halilović et armés par le SDA dès la fin 1991. Souvent, ce sont des figures du crime organisé de Sarajevo, repris de justice ou toxicomanes, libérés de prison lors des amnisties accordées par Alija Izetbegović. Proches de hautes autorités bosniaques civiles et militaires, nombre de ces individus furent nommés à des postes de commandement d'unités de l'armée ou de la police bosniaques.

Aux débuts du conflit dans Sarajevo, des bandes organisées prennent le contrôle des institutions et bâtiments officiels, de la radiotélévision, de l'hôpital central de Koševo. Instauré par les bérets verts, le blocus interne de la ville devient effectif début mai 1992 : impossible dès lors de sortir de la ville. Les 157 000 Serbes de Sarajevo sont alors répartis dans deux zones :

- D'une part, la population piégée dans la zone de Sarajevo contrôlée par l'armée bosniaque, délimitée par le tracé de la ligne de front. Cette zone inclut la majeure partie de Novi Grad, Novo Sarajevo, Stari Grad et Centar Sarajevo, quatre municipalités du canton de Sarajevo.

- D'autre part les populations serbes des quartiers proches de la ligne de démarcation, notamment Grbavica et les districts de l'ouest de Sarajevo : Ilidža, Hadžići, Vogošća, Ilijaš, Rajlovac. Grbavica, sur la rive gauche de la rivière Miljacka près du pont Vrbanja, est pris comme un tenon dans une mortaise. Trois côtés de Grbavica touchaient des quartiers contrôlés par l'armée bosniaque : Hrasno (partie de Hrasno Brdo) à l'ouest, la rive nord de la rivière Miljacka, et Debelo Brdo à l'est. La Miljacka forme sa ligne de front : l'armée bosniaque (ARBiH) est positionnée au nord de la rivière et l'armée serbe (VRS), au sud.

Le conflit armé dans Sarajevo n'est pas déclenché par des actions militaires mais par une série d'assassinats perpétrés par des criminels, armés par le SDA. D'abord sporadiques, ces actes criminels se généralisent en avril et mai 1992. L'une des spécificités de cette campagne de terreur est l'institution dans Sarajevo d'un réseau de prisons illégales où des atrocités (tortures et viols collectifs) sont commises. La terreur est précédée et accompagnée d'une campagne de discrimination et de diabolisation visant les citoyens serbes de Sarajevo, relégués au rang de hors-la-loi.

A Sarajevo, de 1992 à 1995, la vie des Serbes n'a nulle valeur.

Dès le 17 juin 1992, le Procureur général Ivica Stanić écrivait à Sefer Halilović, commandant l'armée bosniaque et à Jerko Doko, ministre de la défense [3]. Le Procureur général y déplore vivement les crimes perpétrés dans des prisons privées par des éléments de l'armée bosniaque : « L'existence de prisons privées, où les détenus sont maltraités ou tués, est confirmée par un certain nombre de corps trouvés dans les zones contrôlées par l'armée et la police militaire de Bosnie-Herzégovine. Des rumeurs circulent en ville sur une prison privée dirigée par le dit «Kruško», membre de l'armée de Bosnie-Herzégovine ». Une liste de 130 prisons privées, incluant les adresses précises, est établie par la Commission d'enquête.

Cette vague de crimes ne peut alors être ignorée. Les cadavres restent exposés plusieurs jours aux yeux de tous, notamment sur les bords de la Miljacka, dans des dépôts d'ordures ou des fossés, devant les cimetières. Les lettres du Procureur général Ivica Stanić, du 17 juin et du 22 juillet 1992, dénonçant aux autorités de l'État les crimes perpétrés dans les prisons privées, restent lettres mortes. Le général Jovan Divjak affirme avoir écrit plusieurs lettres à Alija Izetbegović pendant le conflit, pour l'alerter sur les crimes dont étaient victimes les Serbes [4]. Le général Divjak a déclaré à l'Agence France Presse : « On savait en 1992 et en 1993 ce qui se passait à Sarajevo » [5].

Le *New York Times* confirme : « Le Général Jovan Divjak, commandant adjoint de l'Armée Bosniaque, a déclaré avoir envoyé une lettre de cinq pages au président Alija Izetbegović le 27 mai 1993, détaillant les tueries perpétrées par les groupes paramilitaires et donnant aussi une liste de plus d'une douzaine de noms de gens enlevés et sans doute tués. « Des notables de haut niveau, à la Présidence, savaient que ces tueries existaient mais rien n'a été fait avant Octobre 1993 pour les arrêter» dit-il. «Je les ai informés sur ces tueries. Mais ces groupes paramilitaires étaient utiles aux autorités» »[4].

Cette campagne de terreur est donc conjointement décidée par la branche paramilitaire du SDA, sous l'autorité de la présidence bosniaque. Ces crimes sont couverts par l'appareil d'État et de hautes autorités civiles et militaires qui ne peuvent se décharger de leur responsabilité sur des groupes « incontrôlés ». L'élimination de certains responsables de ces groupes fin 1993 n'interrompt d'ailleurs pas la campagne de terreur visant les Serbes de Sarajevo : elle perdure en 1994 et 1995 de façon plus secrète et anonyme.

Quatre chefs de bandes criminelles à la terrible réputation

*** Ismet «Celo» Bajrajmović** est libéré de la prison de Zenica où il était incarcéré pour viol, par l'intervention d'Alija Izetbegović. Dès mars 1992, il commande une unité paramilitaire formee de criminels et de toxicomanes. Plusieurs quartiers de Sarajevo sont sous son contrôle (Centar et Novo Sarajevo). Celo était proche du ministre de l'intérieur Alija Delimustafić dont il fut garde du corps. En mai 1992 il est nommé à la tête de la police militaire et de la prison militaire. Un article du *New York Times* du

4 octobre 1993 évoque les exactions de Celo et de sa bande criminelle : « Celo dispose d'une armée personnelle suscitant autant de peur parmi les citoyens de la ville que dans les cantons serbes qui les encerclent. Forte de centaines d'hommes l'armée de Celo est dite impitoyable. Presque chaque semaine, on signale le cas de de gens battus et parfois tués dans des heurts avec ses hommes. D'usage, les victimes sont tuées et leurs corps abandonnés. La police affirme n'avoir aucun dossier d'individus traduits en justice pour ces homicides » [6].

Celo porte les attributs d'un officier supérieur de l'armée bosniaque, ce que décrit le *New York Times* : « En accord avec le commandement de l'armée Celo circulait en ville en tenue camouflée, avec des galons d'officier. Deux photos de Celo en uniforme figurent dans un document sur le siège de Sarajevo, publié par Annie Leibovitz dans le numéro d'octobre de Vanity Fair »[6].

L'influence de Celo est manifeste et son autorité majeure : « L'influence de Celo est discutée, mais beaucoup à Sarajevo pensent qu'il est, à sa façon, aussi puissant que le président Alija Izetbegović, qui n'a pas dénoncé publiquement ces gangs. Les officiels expliquent que ces chefs de gang sont trop puissants, et que les musulmans ne peuvent risquer une guerre ouverte tant que la ville reste sous pression des armes serbes. D'autres disent que la relation entre les deux est plus intime. «Le gouvernement est tellement mêlé à ces voyous qu'il ne peut pas s'en libérer» a déclaré un officiel» »[6]. Bernard-Henri Lévy évoque dans son journal une bataille de rue au printemps 1993 entre les bandes rivales de Celo et de Caco. Il est alors question, au sommet du gouvernement bosniaque, de sanctionner Celo qui a acquis une trop grande autonomie. Mais affirme Bernard-Henri Lévy, Alija Izetbegović intervient en faveur de Celo, invoquant des rapports filiaux : « Izetbegović finit par trancher que Celo fut, malgré tout, dans les premiers défenseurs de la ville et qu'il ne peut se résoudre à le châtier ainsi. Cet homme est un enfant de Sarajevo, dit-il. Et il est, lui, le grand-père de Sarajevo »[7].

* **Mušan "Caco" Topalović**, contrôle la vieille ville de Sarajevo, notamment la rive gauche de la Miljacka (Stari Grad) jusqu'au cimetière juif et Grbavica, et la zone de Kazani sur les pentes du mont Trebević. Caco est nommé commandant de la 10e Brigade de montagne du 1er Corps de l'armée bosniaque. Il est proche du Général Sefer Halilović, chef d'état-major de l'armée bosniaque, qui visite souvent son quartier général. À l'été 1992, Alija Izetbegović passe en revue les troupes bosniaques sur le mont Trebević. Alors, Izetbegović félicite Caco devant les télévisions.

* **Jusuf «Juka» Prazina**, criminel libéré de la prison de Zenica organise une unité de bérets verts au début de la guerre et prend le contrôle d'une partie de la ville (Centar Sarajevo jusqu'à Ilidža). Fin juillet 1992 Prazina est nommé membre de l'état-major des forces armées bosniaques. L'acte de nomination est signé par Jerko Doko, ministre de la défense, Sefer Halilović, chef d'état-major de l'armée bosniaque, Jusuf Pušina, ministre de l'intérieur, et le Président Izetbegović. Suite à cette nomination, Juka dispose d'un bureau et de gardes du corps dans l'immeuble de la présidence. On s'adresse à lui comme à un général [8]. Juka Prazina et ses complices ont assassiné des centaines de Serbes dans les

prisons du SDA disséminées dans la ville, prisons échappant aux visites du CICR.

* **Ramiz Delalić**, prend la tête d'une unité de bérets verts contrôlant une part de la rive droite de la Miljacka (Stari Grad, Centar). Le 1er mars 1992 à Baščaršija, Nikola Gardović (premier mort de la guerre) est assassiné dans le cortège nuptial de son fils Milan, par Delalić et ses bérets verts, ce qui suscite un vif émoi chez les Serbes de Sarajevo. Mais Delalić n'est pas inquiété et ensuite nommé commandant de la 9e Brigade de montagne de l'armée bosniaque. Ramiz Delalić se vante de ce crime dans une émission de la télévision bosniaque, aux côtés du ministre de l'Intérieur Jusuf Pušina dont il est proche et qu'il serre dans ses bras.

Ces criminels ont bénéficié de la sympathie de journalistes et intellectuels. Bernard-Henri Lévy écrit le 11 septembre 1993 dans son journal : « Les voyous de Sarajevo. Puis-je dire, ici, ma fascination, depuis un an et demi, pour ces fameux voyous qui, au premier jour de la guerre, ont fait la tournée des bars, rameuté les mauvais garçons, leur ont donné de vieux tromblons ou des 7,65 et leur ont fait gagner les collines où ils ont constitué, qu'on le veuille ou non, les premières unités de défense de la ville ? Il y a Juka, dont m'a parlé Ravalet. Caco, à nouveau croisé, hier soir au Hérisson – mais il était tellement ivre que je n'ai rien pu en tirer. Il y a Celo, qui ressemble à une sorte de Robin des Bois. Et puis il y a, sinon le plus légendaire, du moins le plus pittoresque de tous : Ismet Bajramovic dit Celo ou « le chauve » et que j'ai rencontré tout à l'heure, dans des circonstances assez drolatiques [9]. BHL écrit aussi dans son journal : « la fantaisie des Juka, Celo et autres Caco – ces voyous au grand cœur qui furent les premiers, en avril 1992, à prendre, à Sarajevo, le chemin des collines pour les défendre contre l'assaillant... » [10]. Bernard-Henri Lévy est donc fasciné par ces Robin des Bois, voyous au grand cœur, légendaires, pittoresques, fantaisistes, drolatiques à l'époque où ils assassinent et torturent les Serbes dans les prisons du SDA.

Ševe était le nom d'une organisation secrète créée par Alija Delimustafić en avril 1992. Ševe comptait dans ses responsables Nedžad Ugljen, Asim Dautbašić et Nedžad Herenda. Cette entité n'eut jamais d'existence légale mais une partie de son fonctionnement fut révélée en 1996 par Edin Garaplija, témoin assigné par le TPIY dans les procès de Radovan Karadžić et de Ratko Mladić. Edin Garaplija, né le 14 novembre 1968 à Pljevlja, fut dès 1992 membre du service de sécurité de l'Etat au sein du ministère de l'intérieur bosniaque. En 1996 il était responsable d'un service secret de renseignement bosniaque et d'une unité de l'AID (Agency for Investigation and Documentation).

Au printemps 1996, Edin Garaplija reçoit l'ordre du directeur de l'AID, Kemal Ademović, d'enquêter sur l'unité Ševe (mission «Eagle») et d'arrêter pour interrogatoire Nedžad Herenda, l'un des cadres de Ševe. Nedžad Herenda est détenu et interrogé par Edin Garaplija du 25 au 29 juin 1996 dans les locaux de l'AID. Nedžad Herenda affirme recevoir ses ordres de Nedžad Ugljen et que les assassins de Ševe ont perpétré nombre de crimes contre des membres de la JNA, de l'UNPROFOR, des civils serbes mais aussi musulmans. En effet, les assassins de Ševe, recrutés chez les proches d'Alija Izetbegović, devaient aussi éliminer les opposants politiques et les "ennemis de l'intérieur" (la cinquième colonne). L'unité de snipers de Ševe incluait Nedžad Ugljen, Nedžad Herenda, les frères Dragan et Boris Šošić.

Le 19 mai 1993, un couple de 25 ans, Admira Ismić et Boško Brkić («Roméo et Juliette de Sarajevo») meurent des tirs de snipers en tentant de traverser le pont Vrbanja pour rejoindre le quartier de Grbavica. Edin Garaplija affirme dans son témoignage devant le TPIY que Ševe a commis ce double assassinat. Nedžad Herenda reconnaît avoir tiré sur le couple avec un de ses complices de Ševe. Nedžad Herenda confirme l'implication de snipers de l'unité Ševe dans les assassinats de Serbes de Grbavica, notamment «les femmes serbes habillées de noir». Sur les tirs de snipers bosniaques visant des civils, le général Francis Briquemont a déclaré que les dirigeants bosniaques n'ont jamais condamné ni essayé d'empêcher ces crimes : « Les dirigeants bosniaques de tous bords n'ont jamais condamné publiquement ces assassinats de civils, sauf bien sûr ceux commis par l'autre camp. Jamais ils n'ont essayé de les empêcher dans leur propre camp »[11].

Si le référendum du 29 février 1992 fut le casus belli, les Accords de Dayton du 14 décembre 1995 provoquent le grand exode des Serbes de Sarajevo, de janvier à mars 1996[12]. Après les Accords de Dayton les Serbes des quartiers de Sarajevo (Grbavica, Ilijaš, Vogošća, Hadžići, Ilidža, Rajlovac...) quittent la ville, faute d'autre choix. Ils connaissent trop bien la menace qui pèse toujours sur eux et savent que nul dans la ville ne pourra assurer la sécurité de leurs familles et la paix de leurs défunts. Événement sans précédent dans l'histoire des guerres civiles : l'exode massif des citoyens d'une ville emportant avec eux les dépouilles de leurs proches. En définitive la population serbe d'une ville soi-disant tolérante et multi-ethnique fut chassée par ceux qui s'affirment encore aujourd'hui les principales victimes de ce conflit.

Les auteurs de ces crimes de guerre et crimes contre l'humanité contre des Serbes ont échappé à la justice, avec le concours du TPIY et des institutions bosniaques. Ce déni de justice résulte surtout des menaces et pressions exercées sur les juges et les témoins. Des crimes ayant dû être qualifiés de crimes de guerre ou de crimes contre l'humanité deviennent de simples crimes de droit commun. Le plus souvent leurs auteurs n'ont pas été inculpés ou ils ont été acquittés au terme d'un simulacre de justice. Parfois, ils ont été déclarés pénalement irresponsables pour troubles psychiatriques ou condamnés à des peines dérisoires au vu de la gravité de leurs crimes.

Après la fin de la guerre à Sarajevo, des rues ont été rebaptisées en l'honneur des forces bosniaques. La rue Hasana Brkića, l'une des plus grandes de la ville, a été rebaptisée rue de la Ligue Patriotique. Les criminels de guerre ont été glorifiés et certains comme Caco ont même reçu les hommages de la nation : « Caco fut enterré dans une tombe portant l'inscription N.N. (Nomen Nescio) près du Stade Olympique de Sarajevo. En 1996, sous la pression de divers groupes, le gouvernement bosniaque révéla l'emplacement de sa tombe et sa dépouille fut exhumée. Le 2 décembre 1996, des funérailles de héros, diffusées à la télévision, furent organisées et réunirent près de 12 000 personnes à Sarajevo, surtout des membres des bérets verts et autres groupes paramilitaires. Les funérailles publiques de Caco furent condamnées comme «glorification d'un gangster» par Jovan Divjak, un Serbe qui fut général de l'armée bosniaque durant la guerre »[13].

Environ 3 000 civils serbes périssent à Sarajevo, de 1991 à 1995. À cette époque, 2 090 civils serbes sont arbitrairement emprisonnés du fait de leur ethnie et 1 665, gravement blessés. Soulignons que la plupart de ces civils ne sont pas victimes des combats entre les deux armées (ARBiH et VRS) mais de crimes planifiés par un parti politique, le SDA bosniaque. Quelque 800 Serbes ont disparu dans la partie de Sarajevo sous contrôle SDA, mais le total des Serbes disparus est sans doute plus élevé. A ce jour, environ 260 Serbes sont toujours portés disparus. Leurs familles attendent que les institutions compétentes de cette partie de Sarajevo prennent les mesures nécessaires pour retrouver leurs proches.

Notes

1. Ancien médecin-en-chef des armées, anesthésiste-réanimateur ; témoin direct, comme casque bleu et à titre personnel, des grands événements de la guerre en ex-Yougoslavie. Il a témoigné devant le Tribunal Pénal International pour l'ex-Yougoslavie (TPIY), lors du procès de Slobodan Milošević (ex-président de la République Fédérale de Yougoslavie) et de Milan Martić (ex-président de la République Serbe de Krajina. Seul Français membre de la Commission internationale d'enquête sur les souffrances des Serbes de Sarajevo entre 1991 et 1995, ayant rendu son rapport fin 2020 après 18 mois d'enquête. Independent International Commission of Inquiry on the Suffering of the Serbs in Sarajevo between 1991 and 1995. Raphael Israeli, Viktor Bezruchenko, Darko Tanaskovic, Laurence French, Patrick Barriot & Guiseppe Zaccaria. Rapport de 1420 pages à consulter avec ses annexes sur www.incomfis-sarajevo.org.
2. Political, Social and Religious Studies of the Balkans, volume I. The Suffering of the Serbs in Sarajevo during the Bosnia War (1992-5). Raphael Israeli, Viktor Bezruchenko, Darko Tanaskovic, Laurence French, Patrick Barriot and Guiseppe Zaccaria. Strategic Book Publishing and Rights Co., LLC., 2021.
3. Lettres du Procureur général Ivica Stanić au President Alija Izetbegović, au Ministre Jerko Doko et au Général Sefer Halilović, datées du du 17 juin et du 22 juillet 1992 sur www.incomfis-sarajevo.org.
4. Hedges, C. Postscript to Sarajevo's Anguish : Muslim Killings of Serbs Detailed. *The New York Times*, 12 novembre 1997.
5. Pour le général Divjak, défenseur serbe de Sarajevo, Mladić et les siens ont « gagné ». Le Point et AFP, 20 novembre 2017.
6. Burns, J. Gangs in Sarajevo Worry Diplomats. *The New York Times*, 1993, October 4.
7. Lévy, B.-H. Le Lys et La Cendre. Editions Grasset, Paris, 1996, pp. 514-515.
8. Pomfret, J. Criminal champions in civil war. Bosnia-Herzegovina's troubles have brought respectability to men with pasts that are less than respectable. Fort Worth Star-Telegram, 1992, 22 août 1992. Robin Hood-Like Hero Emerges From Bosnia. St. Louis Post Dispatch with Reuters News Service, 30 août 1992.
9. Lévy, B.-H.Le Lys et La Cendre..., p. 187.
10. Lévy, B.-H.Le Lys et La Cendre..., p.454.
11. Briquemont, F. Do Something, General ! Chronique de Bosnie-Herzégovine 12 juillet 1993 - 24 janvier 1994. Editions Labor, Bruxelles, 1997, p. 241.

12. «L'exode serbe se poursuit autour de Sarajevo», Libération et AFP, 6/01/1996 - Ourdan, R. «Les habitants des quartiers serbes s'apprêtent à quitter Sarajevo». Le Monde, 19/01/96 - «Par dizaines de milliers, les Serbes quittent Sarajevo», L'Humanité, 21/02/96 - Hautin-Guiraut, D.»Les quartiers serbes de Sarajevo se transforment en ville fantôme» Le Monde, 25/02/96 - Hatzfeld, J. «Les résidents serbes indésirables à Sarajevo : sous la pression des Musulmans, ils sont de plus en plus nombreux à quitter la ville» Libération, 20 août 1996.
13. Le Point. Pour le général Divjak, défenseur serbe de Sarajevo, Mladic et les siens ont « gagné », op. cit.

ENVIRONNEMENT JURIDIQUE

35 ans de législation antiterroriste

Alexis DEPRAU[1]

« L'époque actuelle se caractérise par une multiplication sans précédent des normes juridiques. Cette multiplication est unanimement dénoncée comme une source de complication de la vie courante pour les particuliers et comme une cause de paralysie pour les administrations elles-mêmes »[2].

Quand bien même les propos du professeur Chantebout avaient vocation à traiter du domaine de la défense, il n'est pas exagéré de penser que cette application concerne d'autres domaines, notamment celui de la sécurité.

Après deux années d'état d'urgence (fin 2015-fin 2017), le législateur a voulu reprendre les mesures dans le code de la sécurité intérieure, pour une application hors situation exceptionnelle. La loi antiterroriste du 30 octobre 2017 est le signe d'une intégration encore plus forte des éléments du droit d'exception dans le droit commun.

Si les mesures de l'état d'urgence avaient vocation à être provisoires, le niveau élevé de la menace terroriste, mais aussi de la radicalisation a appelé à disposer de moyens forts pour combattre ces menaces. Pour autant, il n'est pas inopportun de se poser deux questions sur cette loi, dont les réponses ont été apportées par le professeur Olivier Le Bot :

« La loi réalise-t-elle réellement une sortie de l'état d'urgence en reprenant dans la législation ordinaire les dispositions qui en sont issues ? N'instaure-t-elle pas au contraire, pour reprendre une expression maintes fois utilisée, un « état d'urgence permanent » ?

L'examen des dispositions révèle que les pouvoirs nouveaux conférés à l'administration sont, comparés au régime de l'état d'urgence, assortis de conditions plus strictes et entourés de garanties supérieures »[3].

Cette loi a ainsi inscrit dans le droit commun des pouvoirs inspirés ou issus de l'état d'urgence, avec pour objectif affiché de cantonner les dispositifs au domaine de la lutte antiterroriste. Plus précisément, elle reprend – certes avec des modifications – les dispositions de l'état d'urgence, tout en participant à une refonte des termes (non sans emprunter la novlangue chère à George Orwell). Ainsi, les *« zones de protection ou de sécurité »* deviennent les *« périmètres de protection »*, les *« perquisitions administratives »* sont appelées des *« visites »*, et l'assignation à résidence devient une *« mesure individuelle de contrôle administratif et de surveillance »*, sans compter les autres mesures de surveillance et la fermeture des lieux de culte.

Quoi qu'il en soit, il ressortirait que les mesures inscrites dans la loi du 30 octobre 2017 consisteraient *« à permettre aux autorités publiques d'anticiper et de prévenir, suffisamment en amont, les actes de terrorisme. [...] La loi du 30 octobre 2017 s'inscrit clairement [une logique ultra-préventive], plébiscitée par les citoyens (favorables, dans leur majorité, à ces mesures). »*

La France a mis en place une réponse juridique face aux menaces terroristes, en laissant planer la question légitime de la législation antiterroriste, aussi bien sur le plan qualitatif que sur le plan quantitatif. En d'autres termes, y a-t-il un empilement de la législation antiterroriste ? Et si oui, cet empilement est-il efficace ou ne souffre-t-il pas d'incohérences ? Si non, faudrait-il alors compléter cette législation ?

Nous n'avons pas la prétention d'apporter des réponses toutes faites, *« prêtes à l'emploi »*. Mais ces questions appellent néanmoins à porter notre réflexion sur le sujet, quitte à *« enfoncer des portes ouvertes »*, par le fruit d'une étude modeste étude juridique et de sciences politiques, ne devant laisser place à aucun moment à des opinions partisanes ou des axiomes, hormis celui du bon sens, et de la nécessité de faire face à un danger réel et persistant, où les protagonistes savent parfaitement manier la stratégie du double discours, de la dissimulation (ou *taqiya*).

Dès 2006, le Secrétariat général de la Défense nationale (SGDN devenu SGDSN en 2010) préconisait déjà que *« pour être efficace, un dispositif judiciaire de lutte contre le terrorisme doit combiner un volet préventif, dont l'objet est d'empêcher les terroristes de passer à l'action, et un volet répressif, destiné à punir les auteurs d'attentats, leurs organisateurs et leurs complices »*[4].

Quinze ans après ces propos, et surtout trente-cinq ans après le début de la législation antiterroriste, tâchons de voir quel bilan peut être aujourd'hui dressé.

Une législation continue de 1986 à aujourd'hui

Nota Bene : l'auteur s'excuse par avance de la liste exhaustive de la législation antiterroriste, vue l'importance de préciser les nombreux textes adoptés pour le sujet de l'étude.

Déjà, sous la IIIe République, des lois avaient votées pour lutter contre les terroristes anarchistes, dont la réponse à l'attentat anarchiste commis par Auguste Vaillant dans la chambre des députés. Ces derniers ont voté le 12 décembre 1893, puis le Sénat le 18 décembre, les *« lois scélérates »* ou *« lois honteuses »*. La loi du 12 décembre 1893 a durci la loi sur la liberté de la presse du 29 juillet 1881 alors que la loi du 18 décembre 1893 codifia l'association de malfaiteurs, permettant *« de lourdes condamnations, jusqu'à la peine de mort, pour quiconque est convaincu de fabriquer ou de détenir un engin explosif, ou n'importe quel produit utilisé »*[5].

Plus proche de nous, avec l'explosion de plusieurs bombes dans les Galeries Lafayette et au Printemps le 7 décembre 1985, et une série d'attentats sanglants, dont six dans le seul mois de septembre 1986, la France a décidé de réagir avec sa première législation antiterroriste sous la Vème République. Le Gouvernement Chirac (dont Charles Pasqua) décida de fixer les grandes orientations en matière de lutte antiterroriste, en faisant voter la loi du 9 septembre 1986 relative à la lutte contre le terrorisme.

Cette loi a tiré de ces tragiques événements des conséquences procédurales : extension de la durée de la garde à vue à quatre jours, report de l'intervention de l'avocat à la 72e heure de garde à vue, alourdissement des peines, incrimination de l'apologie de terrorisme, indemnisation des victimes de terrorisme, autorisation des perquisitions domiciliaires même sans l'assentiment des personnes suspectées, exemption de peines pour des criminels qui empêchent la réalisation d'un attentat.

La loi du 22 juillet 1992 loi portant réforme des dispositions du code pénal relatives à la répression des crimes et délits contre la nation, l'État et la paix publique, a inséré les actes de terrorisme dans le nouveau code pénal, pour en faire des infractions spécifiques et plus sévèrement sanctionnées.

Le 16 décembre 1992, la loi relative à l'entrée en vigueur du nouveau code pénal et à la modification de certaines dispositions de droit pénal et de procédure pénale, a maintenu et précisé la procédure dérogatoire applicable aux actes de terrorisme.

L'année 1995 fit l'objet de nombreux textes, à commencer par le plan gouvernemental Vigipirate, qui définit la répartition des responsabilités ainsi que les principes de l'action de l'État dans le cadre de la lutte contre le terrorisme.

Le 21 janvier 1995, la loi d'orientation et de programmation pour la sécurité (LOPS) a ajouté de nombreuses dispositions ayant pour objet le développement du recours à la vidéosurveillance. Surtout, cette loi a inséré à l'article 410-1 du code pénal la définition des intérêts fondamentaux de la Nation, que l'on peut voir aujourd'hui sous le prisme de la sécurité nationale (même si elle n'est pas encore définie)[6].

Un mois plus tard, le 18 février 1995, la loi relative à l'organisation des juridictions et à la procédure civile, pénale et administrative a allongé la prescription des crimes et des délits terroristes.

La loi du 22 juillet 1996 tendant à renforcer la répression du terrorisme et des atteintes aux personnes dépositaires de l'autorité publique ou chargées d'une mission de service public et comportant des dispositions relatives à la police judiciaire, a quant à elle introduit le délit d'association de malfaiteurs en relations avec une entreprise terroriste.

Puis, la loi du 30 décembre 1996 relative à la détention provisoire et aux perquisitions de nuit en matière de terrorisme a autorisé les perquisitions de nuit en enquête de flagrance, préliminaire ou au cours de l'instruction.

Un an plus tard, la loi du 29 décembre 1997 tendant à faciliter le jugement des actes de terrorisme a permis de délocaliser, si nécessaire, les juridictions spécialisées ailleurs qu'à Paris.

La loi du 15 novembre 2001 loi relative à la sécurité quotidienne a renforcé les pouvoirs des agents de police judiciaire en matière de contrôles d'identité pour lutter contre le terrorisme (fouille des véhicules dans les zones portuaires, les aérodromes), ou des agents de sécurité privée, qui sous condition d'être habilités par un représentant de l'État, peuvent procéder à des fouilles et palpations en cas de forte suspicion. La *« fouille au corps »* peut être poussée jusqu'à des *« sondages anatomiques »*, mais seulement dans un établissement de type commissariat ou gendarmerie. A aussi été créé le délit de financement des actes de terrorisme, et prévu la peine de confiscation générale de l'ensemble des biens des personnes coupables d'actes de terrorisme.

La loi du 29 août 2002 d'orientation et de programmation sur la sécurité intérieure (LOPSI) a consacré un article annexe à la loi, lié au renforcement de la lutte contre la menace terroriste et la criminalité organisée, afin de rendre plus efficaces la recherche et l'exploitation du renseignement en renforçant la collaboration entre services et la formation au renseignement, et de développer au niveau international les coopérations institutionnelles. La loi a aussi prévu la création d'une nouvelle base de données informatique, dite Application de rapprochement, d'identification et d'analyse pour les enquêteurs (ARIANE), regroupant en 2008 les informations de deux fichiers, le système de traitement des infractions constatées (STIC) et le système judiciaire de documentation et d'exploitation (JUDEX).

L'année suivante, la loi du 18 mars 2003 pour la sécurité intérieure tendait à faciliter les enquêtes en rendant certaines règles de la procédure policière plus efficaces. Il s'agit, par exemple, de permettre aux policiers et gendarmes de procéder à la visite des coffres des véhicules dans certaines circonstances et sous le contrôle de l'autorité judiciaire, de donner aux officiers de police judiciaire une compétence au moins départementale, de rendre plus utiles les fichiers de recherche criminelle, notamment le fichier national des empreintes génétiques (FNAEG).[10]

La loi du 9 mars 2004 portant adaptation de la justice aux évolutions de la criminalité (dite loi Perben II) a créé de nouvelles possibilités d'investigations applicables en matière de terrorisme et de délinquance ou de criminalité organisée : juridictions interrégionales spécialisées, extension du statut de repenti ou *« plaider coupable »*, écoutes téléphoniques lors de l'enquête. La loi « Perben II » a eu aussi pour but de catégoriser les différents types d'infractions : infractions commises en bande organisée, infractions commises dans des circonstances aggravantes, et infractions graves et complexes où le terrorisme est inclus.

Avec la loi du 23 janvier 2006 loi relative à la lutte contre le terrorisme et portant dispositions diverses relatives à la sécurité et aux contrôles frontaliers, a été autorisée une garde à vue de six jours en cas de risque d'attentats. Par ailleurs, la loi a imposé aux opérateurs télécoms, aux fournisseurs d'accès Internet (FAI) mais aussi à tout établissement public proposant un accès au net, comme les cybercafés, de conserver les données de connexion pendant un an. L'accès à ces logs par les autorités policières n'est plus soumis à l'autorisation d'un magistrat, mais simplement à celle d'un haut fonctionnaire de la police nommé par la Commission nationale de contrôle des interceptions de sécurité (CNCIS, devenue CNCTR). Cette loi est importante en ce qu'elle a mis en place un cadre juridique pour la coordination des services de renseignement et des services de police judiciaire comme l'Unité de coordination de la lutte antiterroriste (UCLAT), ou encore pour la Gendarmerie avec le Bureau de la lutte antiterroriste (BLAT)[7].

Par la loi du 1er décembre 2008, a été prolongée l'application des articles 3, 6 et 9 de la loi 23 janvier 2006 jusqu'au 31 décembre 2012 (au lieu du 31 décembre 2008). Ces dispositions concernent les contrôles d'identité à bord des trains transfrontaliers, le dispositif de réquisition administrative des données relatives aux communications électroniques et l'accès des services de lutte contre le terrorisme à certains fichiers administratifs.

En 2011, s'ensuivirent les lois du 14 mars 2011 d'orientation et de programmation pour la performance de la sécurité intérieure (LOPPSI) qui permet la captation de données informatiques, ainsi que la loi du 14 avril 2011 relative à la garde à vue qui renforce la présence de l'avocat en garde à vue, y compris pour les gardes à vue en matière de terrorisme. Cette garde à vue est spécifique car l'accès à l'avocat peut être reporté soit pour raisons impérieuses tenant aux circonstances particulières de l'enquête, soit pour permettre le recueil ou la conservation de preuves, soit pour prévenir une atteinte aux personnes, pour un délai maximal de 72 heures. Par ailleurs, la durée maximale de garde à vue (48 heures en droit commun) peut être prolongée par un magistrat (juge des libertés et de la détention ou juge d'instruction selon la procédure), voire être portée à 96 heures (4 jours), y compris pour des mineurs de 16 ans et plus impliqués *« comme auteurs ou complices à la commission de l'infraction »*. Exceptionnellement, elle peut être portée à 144 heures (6 jours), s'il existe un risque sérieux de l'imminence d'une action terroriste en France ou à l'étranger ou si les nécessités de la coopération internationale le requièrent impérativement.

La loi du 21 décembre 2012 relative à la sécurité et à la lutte contre le terrorisme a prolongé jusqu'au 31 décembre 2015 la surveillance, dans un but préventif des données de connexion (internet, géolocalisation, factures détaillées de téléphone), qui arrivait à expiration le 31 décembre 2012. Elle a aussi permis de poursuivre les ressortissants français à l'étranger qui ont commis des actes terroristes, mais aussi les combattants français présents dans des camps d'entraînement terroristes à l'étranger.

La loi du 13 novembre 2014 renforçant les dispositions relatives à la lutte contre le terrorisme a quant à elle prévu l'interdiction du territoire des suspects candidats au djihad et crée un délit d'entreprise terroriste individuelle.

Ce texte a fait évoluer la législation sur les réponses actuelles à apporter contre le terrorisme en élaborant de nouvelles mesures administratives : restriction de la liberté d'aller et venir, renforcement des dispositions de nature répressive comme l'apologie des actes de terrorisme, ou encore tenant aux de traitement automatisé de données.

A la suite des attentats des 13 novembre 2015, le décret du 14 novembre 2015 a été adopté pour déclarer l'état d'urgence. D'une durée de douze jours, sa prorogation nécessitait une loi, mais plusieurs lois furent adoptées pour une application d'une durée de deux ans :

- La première prorogation intervint avec la loi du 20 novembre 2015, qui la prolongea de trois mois à compter du 26 novembre 2015 ;
- Une seconde prorogation fut votée par le Parlement avec la loi du 19 février 2016, pour une durée de trois mois à compter du 26 février 2016 ;
- Une troisième prorogation a été adoptée avec la loi du 20 mai 2016, pour une durée de deux mois ;
- A la suite à l'attentat commis à Nice le 14 juillet 2016, une nouvelle prorogation de l'état d'urgence a été accordée le 21 juillet 2016, cette fois-ci, pour une durée de six mois. Outre la prorogation de l'état d'urgence, le texte a durci les peines infligées pour les infractions criminelles d'association de malfaiteurs en relation avec une entreprise terroriste, et exclu les personnes condamnées pour des faits liés au terrorisme du régime de crédit de réduction de peine. Il a rendu possible la fermeture des lieux de culte au sein desquels sont tenus des propos constituant une provocation à la haine ou à la violence ;
- L'état d'urgence fut encore prorogé le 19 décembre 2016, pour une durée effective allant jusqu'au 15 juillet 2017 ;
- Enfin, la dernière loi de prorogation de l'état d'urgence a été votée le 11 juillet 2017, pour une application jusqu'au 1er novembre 2017, car l'état d'urgence a été ensuite inscrit dans le droit commun, avec la loi du 30 octobre 2017 renforçant la sécurité intérieure et la lutte contre le terrorisme.

A noter que c'est pendant l'état d'urgence que fut aussi promulguée la loi du 3 juin 2016 renforçant la lutte contre le crime organisé, le terrorisme et leur financement, et améliorant l'efficacité et les garanties de la procédure pénale. Cette loi entendait renforcer l'efficacité de la lutte contre la criminalité organisée et le terrorisme en donnant aux juges et aux procureurs de nouveaux moyens d'investigation : perquisitions de nuit possibles dans des domiciles en matière de terrorisme et en cas de risque d'atteinte à la vie, utilisation de dispositifs techniques de proximité pour capter directement les données de connexion nécessaires à l'identification d'un équipement terminal ou du numéro d'abonnement de son utilisateur (IMSI catcher). Le texte prévoit le renforcement des contrôles d'accès aux lieux accueillant de grands événements (Euro 2016, etc.). Il vise aussi à améliorer la protection des témoins menacés et durcit les conditions d'acquisition et de détention d'armes. Il a aussi créé une incrimination spécifique pour le trafic des biens culturels en provenance de théâtres d'opérations de groupements terroristes.

Toujours sous l'état d'urgence, il y a eu la loi du 28 février 2017 relative à la sécurité publique, visant à renforcer la sécurité juridique des interventions des forces de l'ordre. Est notamment prévu un cadre d'usage des armes modernisé et unifié pour les policiers, gendarmes, douaniers et militaires, une protection renforcée de l'identité des forces de sécurité, le renforcement des sanctions pour les faits de rébellion de menaces ou de refus d'obtempérer.

La loi du 30 octobre 2017 renforçant la sécurité intérieure et la lutte contre le terrorisme a marqué la fin de l'état d'urgence, tout en inscrivant dans le droit commun l'application de plusieurs mesures de l'état d'urgence. Ce texte prévoit aussi une nouvelle incrimination, des mesures de lutte contre la radicalisation et favorisant la politique des repentis. Il pérennise le régime permettant la consultation des données du fichier des passagers du transport aérien (PNR), et étend les possibilités de contrôle dans les zones frontalières.

La loi du 20 août 2020 a instauré des mesures de sûreté à l'encontre des auteurs d'infractions terroristes à l'issue de leur peine. D'initiative parlementaire, le texte prévoyait que des mesures de sûreté pouvaient être ordonnées à l'encontre de personnes condamnées pour infractions terroristes à leur sortie de prison. Ce régime de sûreté a cependant été censuré par le Conseil constitutionnel (voir ci-dessous).

Enfin, la loi du 24 décembre 2020 relative à la prorogation des chapitres VI à X du titre II du livre II et de l'article L. 851-3 du code de la sécurité intérieure vise à prolonger différentes mesures (contenues dans la loi du 30 octobre 2017) de lutte contre le terrorisme dont le Parlement avait autorisé la mise en œuvre jusqu'au 31 décembre 2020 (fermeture administrative des lieux de culte, mesures de surveillance, technique de renseignement dite « algorithme »...).

Outre la législation antiterroriste, le législateur a aussi prévu des mesures pour répondre à la réponse terroriste, avec les lois liées au renseignement, comme la loi du 10 juillet 1991, et surtout la loi renseignement du 24 juillet 2015, qui sera appréhendée ensuite.

Des réactions tardives et en demi-teinte

Certes, parce que *« le phénomène terroriste [...], par nature protéiforme, mouvant, évolutif, difficilement saisissable »*[8], la législation antiterroriste peut avoir un train de retard. Mais cet élément ne peut pas être la seule justification aux réactions tardives.

Lors de développements précédents, nous avions dit concernant l'application des mesures terroristes que *« loin des discours et de la peur des mots, la réponse doit être de prendre à bras le corps ce qui peut l'être pour éviter le tragique. Rappelons que, le tragique, c'est toujours le trop tard »*[9].

Cette maxime peut malheureusement s'appliquer pour la législation antiterroriste. La loi de 1986 a été promulguée à la suite d'une vague d'attentats en 1985 et 1986 ; les mesures de 1995 ont été prises après la prise d'otages du vol Air France de 1994 par le GIA, et après la série d'attentats de 1995 ; tout comme les lois depuis 2012, dont notamment la loi du 21 juillet 2016 qui a fait suite à l'attentat de Nice de juillet 2016.

On pourrait donc y voir ici un empilement de la législation antiterroriste tardif, parce qu'il est l'objet d'une réaction, de l'émotion. Précisons. Ces lois auraient pu être prises en amont. Le politique a connaissance depuis longtemps d'une vague de fond sur le sol français. Pour exemple, les Renseignements généraux (actuel SCRT) surveillent les banlieues depuis le milieu des années 1970 à l'origine dans le but d'évaluer la menace des groupes radicaux au sein de la nouvelle population immigrée qui s'y est installée. Ainsi, *« dès les années 1975, de nombreuses informations remontent des travailleurs sociaux, démontrant qu'au cours des années, les risques se sont amplifiés. Typiques du mode de travail spécifique aux RG, ces données ne sont pas évaluées à leur juste mesure »*.

Certes, d'aucuns argueront qu'il y a un *« jeu »* politique qui entre en ligne de compte, et que l'exécutif et/ou la majorité parlementaire (si cohabitation il y a) décide sur le moment des suites à donner dans le travail législatif. Mais ce qui est dommageable, c'est l'absence de prise en compte des remontées d'informations des agents sur le terrain, par ailleurs officialisés dans des rapports parlementaires ou dans le rapport annuel de la Délégation parlementaire au renseignement.

Plus encore, la discussion politique amène à une nouvelle rédaction du texte de loi, quitte à évacuer des dispositions importantes (si tant est qu'elles ne soient pas par la suite censurées par le juge constitutionnel).

Pour un exemple récent, le projet de loi contre le séparatisme a été renommé projet de loi confortant le respect des principes de la République, puisque le terme de séparatisme a été supprimé du texte. De même, non compris dans le texte originel, un amendement a été rejeté sur l'interdiction du port du voile par les jeunes filles.

Loin des discussions partisanes et des atermoiements, la législation antiterroriste se doit de ne pas être un effet de communication, ni une arme politique à des fins électorales, mais un outil pertinent face à une menace réelle, froide et percutante, avec un ennemi intelligent et patient pour arriver à ses fins : des attentats, mais aussi une stratégie de la dissimulation pour appliquer la *charia*, et à terme le califat mondial. En cela, cet ennemi rusé sait pertinemment que l'Etat de droit est un instrument à double tranchant loin de le desservir.

Une législation antiterroriste potentiellement freinée

La législation antiterroriste française est efficace, mais elle est freinée (notamment) par la jurisprudence constitutionnelle, dont les décisions peuvent légitimement faire l'objet d'incompréhensions étant donné la menace. Le Conseil constitutionnel arguera pour autant qu'il se doit d'apporter une conciliation entre les mesures contestées et les droits et libertés fondamentales garantis par l'Etat de droit.

Ainsi, dans la loi tendant à renforcer la répression du terrorisme et des atteintes aux personnes dépositaires de l'autorité publique, avait été introduit un délit d'association de malfaiteurs en relations avec une entreprise terroriste. Le législateur avait souhaité apporter dans la liste des actes terroristes le délit d'aide à l'entrée ou au séjour irrégulier des étrangers. Cependant, avec la décision n°96-377 DC du 16 juillet 1996, le Conseil constitutionnel a censuré cette disposition, estimant que le législateur avait *« entaché son appréciation d'une disproportion manifeste »*.

Plus proche de nous, le Conseil constitutionnel a été saisi par le Conseil d'État d'une question prioritaire de constitutionnalité portant sur le délit de consultation habituelle des sites internet terroristes. Dans sa décision n°2017-682 QPC du 15 décembre 2017, il a déclaré inconstitutionnelles les dispositions de l'article 421-2-5-2 du code pénal, car elles portaient une atteinte à l'exercice de la liberté de communication qui n'est pas nécessaire, adaptée et proportionnée.

Le 29 mars 2018, le juge constitutionnel a été saisi de quatre questions prioritaires de constitutionnalité (QPC), soutenues notamment par la Ligue des droits de l'homme (LDH). Dans ces affaires, le Conseil constitutionnel a apporté quelques réserves d'interprétation[10] aux mesures administratives de lutte contre le terrorisme. Ainsi, face à la crainte des requérants de voir se généraliser des contrôles au faciès dans les périmètres de protection (créées sur le modèle des zones de protection ou de sécurité de l'état d'urgence), il a tenu à rappeler que les vérifications devaient exclure *« toute discrimination »*. En matière de mesures individuelles de contrôle et de surveillance (anciennes assignations à résidence), le Conseil constitutionnel a notamment exigé qu'il soit veillé au respect du droit à mener une vie familiale normale et que l'interdiction ne puisse excéder une durée cumulée de douze mois.

Enfin, avec la décision n°2020-805 DC du 7 août 2020 sur la loi instaurant des mesures de sûreté à l'encontre des auteurs d'infractions terroristes à l'issue de leur peine, il a été demandé au Conseil constitutionnel d'effectuer un contrôle des mesures de sûreté qui pouvaient être ordonnées à l'encontre de personnes condamnées pour infractions terroristes à leur sortie de prison. Ce régime a été censuré par le juge constitutionnel. Pour ce dernier, il n'assurait pas la conciliation entre, d'une part, la prévention des atteintes à l'ordre public et, d'autre part, l'exercice des droits et libertés constitutionnellement garantis (la liberté d'aller et de venir, le droit au respect de la vie privée et le droit de mener une vie familiale normale).

Bien évidemment, l'Etat de droit est essentiel au bon fonctionnement du système politique de notre Nation, afin d'éviter tout arbitraire, de faire respecter l'égalité devant la loi et de veiller à la séparation des pouvoirs. Pourtant, n'est-ce pas la Cour européenne des droits de l'homme qui a admis elle-même que la marge dont l'Etat défendeur dispose pour choisir les moyens de sauvegarder la sécurité nationale, revêt une grande ampleur, et que dès lors, il appartient à l'Etat de juger de la réalité du *« besoin social impérieux »* qu'implique le concept de nécessité[11].

Faut-il dès lors compléter la législation antiterroriste ?

Cette question avait déjà été posée en 2015 lors d'un débat, où David Bénichou, alors vice-président en charge de l'instruction au pôle antiterroriste du TGI de Paris, avait apporté des éléments de réponse.

Pour lui, la législation antiterroriste n'avait pas besoin d'être complétée, *« car c'est déjà en 2012 que l'on pouvait déjà identifier les prémices des tragédies de 2015 »*[12]. Pour lui, les points qui méritaient d'être mis à jour étaient liés à l'absence de régime juridique pour la saisie de correspondances électroniques déjà émises ou reçues, en dehors du cadre classique de la perquisition, mais aussi le refus par le gouvernement d'assouplir le régime d'autorisation administrative des conditions de mise en œuvre de la technique judiciaire dite de captation des données informatiques.

Plus encore, il avait proposé deux solutions. En premier lieu, repenser l'articulation renseignement/judiciaire : *« Décloisonner le renseignement antiterroriste et mutualiser avec le judiciaire ses moyens techniques et humains. Le renseignement dispose de moyens importants et de peu pouvoirs. Le judiciaire peut faire beaucoup mais n'en n'a pas les moyens »*[13].

En second lieu, *« repenser les modes de neutralisation des terroristes : sur le mode judiciaire, l'échelle des peines (seules les peines longues permettent une protection sociale et une remise en cause des individus), suivi post-peine (mesures de surveillance et contrôle) ; sur le mode administratif (la question de la déchéance de la nationalité des jihadistes français binationaux, les empêcher de revenir plutôt que de les fixer sur notre territoire) ; enfin sur le plan militaire en réfléchissant à une articulation entre justice et forces armées (neutralisation par la force des individus agissant hors de portée de l'autorité judiciaire) »*[14].

Ce fut chose faite concernant les techniques de recueil de renseignement avec la loi renseignement du 24 juillet 2015, qui a permis aux services spécialisés de disposer d'un cadre juridique concernant les outils nécessaires au renseignement opérationnel (selon une procédure définie par la loi) dans le but de protéger la sécurité nationale[15]. Partant de là, il a été permis de judiciariser les affaires de terrorisme à l'aide d'informations nettes et précises quant aux motivations des terroristes, ou aux preuves de leur implication. Concernant la réponse militaire face au terrorisme, la France répond aujourd'hui de manière efficace grâce à nos forces armées, ainsi qu'aux forces spéciales, parfois par le biais d'exécutions extrajudiciaires sur des cibles bel et bien définies, les « High Value Targets » (HVT) ou cibles de haute valeur.

Il ne s'agit plus dorénavant d'apporter de législations supplémentaires, mais de participer au renforcement des moyens policiers et du renseignement (moyens humains, techniques et financiers).

Rappelons à ce propos que la surveillance et la prévention du terrorisme a nécessairement dû s'accroître, quand bien même la réforme de 2008 (substituant la Direction centrale du renseignement intérieur à la Direction de la surveillance du territoire, et le Service central du renseignement territorial aux Renseignements généraux) a été préjudiciable pour le renseignement. Etant donné que les personnels ont majoritairement été affectés au renseignement intérieur, le renseignement territorial a perdu tous les agents qui traitaient les informateurs. Cette réforme a été une perte sèche de plusieurs années pour le recrutement de nouveaux informateurs et la connaissance des réseaux, qui était la matrice du renseignement opéré par ce service.

Pour en revenir au sujet, il n'y a plus besoin de compléter la législation antiterroriste.

Ce ne sont plus aujourd'hui d'autres lois qui sont nécessaires, mais des personnels humains supplémentaires, que ce soit pour mener efficacement des filatures, traiter les données récoltées, participer à la cryptographie ou au décryptement des données, mais aussi pour le pendant offensif (en plus du préventif) de la fonction connaissance et anticipation, à savoir la fonction intervention.

Pour ce faire, outre l'accroissement des forces de la Police nationale, de la Gendarmerie nationale et des services de renseignement, une augmentation des personnels des forces spéciales serait bienvenue, aussi bien pour le renseignement militaire humain du 13e Régiment de dragons parachutistes (13e RDP), que pour le renseignement action assuré par le Service action de la Direction générale de la sécurité extérieure, ou encore, pour le 1er Régiment parachutiste d'infanterie de marine (1er RPIMa), les commandos de la Marine nationale et les commandos de l'Armée de l'air[16].

A nos yeux, **la législation antiterroriste n'a pas besoin d'être complétée**. Ce sont des choix politiques qui doivent être pris, afin de permettre de l'anticipation et une réponse cohérente, dont la finalité est la protection des membres de la population française. Rappelons que les choix doivent être guidés par le bon sens et non l'idéologie. Pour exemple, le Gouvernement Valls, avait refusé la liste de noms de terroristes parce qu'elle était donnée par le Président du régime syrien, ou la fermeture des ambassades par choix politique, alors que ces ambassades sont des relais nécessaires pour le renseignement extérieur. Ainsi, *« dès février 2012, trois mois avant le départ de Nicolas Sarkozy de l'Elysée, la France avait fermé son ambassade à Damas, au grand dam des opérationnels : 'Il avait fallu tout détricoter en urgence, déménager les archives, et couper tous les contacts selon la procédure en vigueur'. Les agents français auraient gardé des contacts pendant quelques mois avec leurs homologues syriens, avant d'être priés de travailler à distance, loin de la zone de guerre, depuis la Jordanie, le Liban et la Turquie notamment »*[17].

Si le terrorisme trouve son fondement dans l'idéologie, la réponse antiterroriste ne peut être le fruit d'une quelconque idéologie, ni de surenchère, de *« securitization »* (terme cher aux anglo-saxons) amenant à une dérive sécuritaire. Elle doit au contraire correspondre à une réponse nécessaire et cohérente, emplie de bon sens, prenant en compte les remontées d'informations (voire les alertes) des services de police et de renseignement, tout en n'oubliant pas de renforcer leurs moyens.

Notes

1. Juriste dans une institution publique, docteur en droit de l'Université Paris II Panthéon-Assas et titulaire du CAPA. Membre de l'Association française du droit de la sécurité et de la défense (AFDSD).
2. B. Chantebout, « La multiplication des normes juridiques, obstacle à l'efficacité de la défense ? », Droit et défense, n°97/2, 2e trimestre 1997, p. 4.
3. O. Le Bot, « Un état d'urgence permanent ? », *RFDA*, 2017, p. 1115.

4. SGDSN, *La France face au terrorisme. Livre blanc du Gouvernement sur la sécurité intérieure face au terrorisme, Secrétariat général de la défense nationale*, La Documentation française, Paris, 2006, p. 53.
5. J. Merriman, *Dynamite club. L'invention du terrorisme à Paris*, Ed. Tallandier, Paris, 2009, p. 139.
6. Voir à ce sujet, A. Deprau, « De la nécessité d'une définition de la sécurité nationale », Sécurité globale, n°23, 2020/3, pp. 17-26.
7. Arr. du 31 mars 2006 pris pour l'application de l'article 33 de la loi n°2006-64 du 23 janvier 2006 relative à la lutte contre le terrorisme et portant dispositions diverses relatives à la sécurité et aux contrôles frontaliers, *JORF*, n°86, 11 avril 2006, p. 5 418, texte n°2.
8. P. Chaudon *in* « Terrorisme et liberté », *Constitutions*, 2012, p. 403.
9. A. Deprau, « La restriction de la marge de manœuvre des radicalisés et terroristes en France », *Sécurité globale*, n°23, 2020/3, p. 15.
10. La technique des réserves d'interprétation permet au Conseil constitutionnel de déclarer une disposition conforme à la Constitution à condition qu'elle soit interprétée ou appliquée de la façon qu'il indique.
11. Cour EDH, 26 mars 1987, *Leander c. Suède*, req. n°9248/91.
12. D. Bénichou *in* « La lutte contre le terrorisme », *Constitutions*, 2015, p. 21.
13. *Ibid.*
14. *Ibid.*
15. A. Deprau, *Renseignement public et sécurité nationale*, thèse soutenue le 29 novembre 2017 à l'Université Paris II Panthéon-Assas.
16. Et pour les autres unités spéciales qui n'ont pas été citées par l'auteur.
17. C. Bubois et E. Pelletier, *Où sont passés nos espions ?*, Albin Michel, Paris, 2017, p. 69.

VEILLE BIBLIOGRAPHIQUE

L'analyse de l'acte terroriste : un chantier indispensable

Daniel DORY[1]

- Marc Sageman, *The London Bombings. Counterterrorism Strategy after 7/7*, University of Pennsylvania Press, Philadelphia, 2019.
- Anna Teixidor, *Los silencios del 17-A. La investigación sobre los atentados yihadistas de Barcelona y Cambrils*, Dïeresis, Barcelona, 2020.
- Cyrille Bret, *Dix attentats qui ont changé le monde. Comprendre le terrorisme au XXI*e *siècle*, Armand Colin, Paris, 2020.
- Fernando Reinares, *11-M. La venganza de Al Qaeda*, Galaxia Gutenberg, Barcelona, 2021.

L'acte terroriste (attentat) étant la manifestation la plus évidente du terrorisme, il est compréhensible que son analyse se trouve à la base de la recherche scientifique en la matière. C'est notamment à partir de l'étude systématique de cas concrets d'attentats (réussis, ratés, inaboutis ou déjoués) que l'on parvient généralement à cerner l'ensemble des acteurs, relations, discours, institutions, etc. qui conforment le complexe terroriste dans son ensemble. Et par conséquent à consolider les bases de l'approche réaliste et géopolitique dans le champ des études sur le terrorisme[2]. De même, l'élaboration d'une réflexion solide en matière d'histoire du terrorisme suppose une connaissance approfondie du plus grand nombre possible de cas empiriques, envisagés dans une perspective à la fois cumulative et comparative. Enfin, on comprend sans difficulté l'intérêt de ce genre de recherches pour fonder des politiques publiques antiterroristes ; aspect sur lequel on reviendra ultérieurement.

L'analyse des actes terroristes : acquis et difficultés

Malgré leur incontestable importance, on constate pourtant que les travaux monographiques sur des attentats (et/ou des complots ayant débouché ou non sur des attentats) sont assez rares et de qualité fort inégale. Certes, d'innombrables livres et articles ont été consacrés aux évènements du 11 septembre 2001, et d'autres le seront encore prochainement à la suite de la déclassification de documents montrant l'implication de l'Arabie Saoudite dans (au moins) la logistique de ces attaques[3].

Un rapide tour d'horizon de la littérature (scientifique) disponible permet, sans aucune prétention à l'exhaustivité, mais en signalant quelques exemples d'approches différentes, de repérer quelques travaux dont la connaissance est indispensable[4]. Ainsi, en suivant la succession chronologique des actions, on a d'abord l'étude de Bruce Hoffman sur l'attaque de l'hôtel King David à Jérusalem (22 juillet 1946 – 91 morts)[5]. Ici, plus que l'analyse de l'attentat lui-même, l'auteur se consacre à exposer les enjeux mémoriels de cet épisode dans la construction du récit juif/israélien concernant cette période. Aspects, comme on le verra plus loin, également très importants pour la compréhension d'un complexe terroriste envisagé dans ses effets à long terme. Deux prises d'otages « mémorables » ont fait l'objet d'études détaillées qui mettent en lumière les enjeux géopolitiques de l'époque. Avec « l'affaire Claustre » (1974-1977) on assiste au jeu croisé de divers acteurs « réguliers » et « parallèles » dans un contexte de décolonisation récente et de repositionnement de la France dans la région[6]. Alors que le détournement du vol TWA 847 en juin 1985 constitue un révélateur des frontières floues entre acteurs étatiques et non-étatiques au Moyen Orient et ailleurs[7]. Dans les deux cas, l'articulation des échelles spatiales (du local au global en passant par différents niveaux régionaux), ainsi que des séquences temporelles (depuis l'instantanéité plus ou moins longue de l'acte terroriste, jusqu'au dénouement de la crise et la compréhension pleine de ses logiques) est la clé de l'analyse.

Une grille d'analyse géopolitique similaire permet implicitement de rendre compte de deux attentats à la bombe plus « classiques », quoique ratés en fonction des objectifs de leurs auteurs. La minutieuse étude que fait Andrew Silke de l'attentat à la bombe réalisé par des membre de l'IRA le 23 octobre 1993 dans un lieu central du quartier protestant de Shankill, à Belfast, est riche d'enseignements[8]. Elle permet notamment de traiter un cas concret au travers de la théorie du choix rationnel des acteurs, et ainsi de comprendre non seulement leurs motivations, mais aussi la logique stratégique inhérente à leur démarche. Dans le cas de la voiture piégée d'Omagh (15 août 1998), dont la responsabilité incombe à une branche dissidente de l'IRA, la Real IRA[9], l'analyse permet de mettre en lumière le critère de centralité dans le choix de la cible, ainsi que les effets désastreux d'une attaque mal menée pour ses promoteurs et commanditaires. Sans parler, bien entendu, des victimes imprévues.

Dans d'autres cas, comme celui des attentats du 16 mai 2003 à Casablanca, la compréhension des faits peut s'enrichir en ayant recours à une source littéraire. Ainsi, le roman de Mahi Binebine, *Les Étoiles de Sidi Moumen*[10], offre un intéressant récit sur les conditions de gestation de ces attentats suicide, donnant d'utiles éléments complémentaires à ceux contenus dans des travaux à vocation scientifique portant sur le même objet[11]. Et l'on aurait pu attendre des bénéfices similaires d'une bande dessinée consacrée aux attentats parisiens du 13 novembre 2015 si le scénario en avait été mieux maîtrisé[12].

Ces quelques exemples mettent en évidence la nécessité, pour la démarche scientifique, d'intégrer les différentes temporalités propres au complexe terroriste. A cet égard on peut distinguer schématiquement les temporalités suivantes :

- *Le temps de l'acte terroriste*, qui peut être instantané (bombe) ou durer plus ou moins longtemps en cas d'attaque multisite ou de prise d'otages. Au cours de cette phase de durée variable, l'initiative appartient aux acteurs terroristes qui transmettent leurs messages par le biais de leurs victimes, dont l'identité vectorielle est actualisée par le fait même de leur implication dans l'action.

- *Le temps médiatique et journalistique*, qui se décompose en plusieurs moments distincts. Après une brève phase de flottement due à l'incertitude des informations qui parviennent aux autorités et aux médias, les heures qui suivent l'attentat voient se structurer un *cadre narratif de base* (sur les faits, les acteurs, leurs motivations...), élaboré « à chaud » en fonction des données disponibles et des besoins politiques et idéologiques du régime en place et de son plus ou moins effectif contrôle des médias. Suivant la nature de l'attentat, sa gravité et l'identité des auteurs présumés, cette médiatisation, essentiellement aux mains du pouvoir et de ses relais médiatiques, prendra un ton apaisant (en France, par exemple, en cas d'attaque islamiste le « pas d'amalgame » est de règle), ou alarmiste (si l'on peut mettre l'« extrême droite » en cause). L'attentat échappe des lors des mains des terroristes (qui peuvent tout au plus revendiquer ou non leur acte) pour devenir une ressource politique pour le pouvoir qui va s'attacher à imposer un régime de vérité exclusif et à discréditer toutes les versions alternatives (moyennant, notamment, le thème infamant du « complotisme ») qui peuvent apparaitre dans la presse indépendante et/ou Internet. L'intensité de la couverture médiatique décline généralement après quelques jours, ou semaines pour les attaques les plus spectaculaires, donnant lieu à un suivi routinier en fonction des avancées de l'enquête (arrestations, révélations, procès...). Le fait que la couverture médiatique (et ses traces numériques permanentes) soit maximale à la suite immédiate de l'acte, c'est-à-dire à un moment où l'on dispose de très peu d'informations solides et vérifiées est d'une importance extrême. Car ces données « à chaud » seront par la suite souvent la seule source utilisée par de nombreux « experts en terrorisme » et consultants en tout genre.

- *Le temps de l'enquête policière et du traitement judiciaire*, commence immédiatement après les faits et peut durer des mois, et le plus souvent des années. Durant ce moment une masse énorme de documents est produite, qui sera ensuite plus ou moins accessible aux chercheurs en fonction des systèmes judiciaires de chaque pays, permettant un éclairage beaucoup plus consistant (car en principe contradictoire) sur le complexe terroriste dans son ensemble. Ce temps est marqué par le moment culminant du procès, puis par celui de l'administration de la peine et du suivi post-carcéral. Comme on le verra par la suite, les documents judiciaires sont à la base des études de cas les plus satisfaisantes et rigoureuses, et leur utilisation est souhaitable partout où cela est possible[13].

- *Le temps des mémoires*, concerne à la fois la construction mémorielle des victimes directes et indirectes de l'attentat, et les représentations sociales plus ou moins institutionnalisées au travers de supports divers (monuments, célébration d'anniversaires...). Ces représentations peuvent être partagées par la totalité ou des secteurs particuliers de la population, et faire donc l'objet de disputes aux enjeux variés.

- *Le temps de l'analyse scientifique*, a la particularité de devoir intégrer des données issues de toutes les séquences temporelles antérieurement mentionnées dans l'élaboration d'hypothèses empiriquement vérifiables. Ce qui implique une dépendance contrôlée envers les informations fournies par les médias, les institutions policières et parfois militaires et, surtout, judiciaires. Bien entendu, le terrorisme étant aussi le domaine du mensonge, du secret et de la manipulation, ces sources, même rigoureusement exploitées dans la longue durée, resteront le plus souvent fragmentaires et porteuses d'angles morts irrémédiables. Cela étant, comme on le verra plus loin, d'énormes avancées sont rendues possibles par le recours aux sources primaires, notamment judiciaires, donnant lieu à des études d'une précision inégalée au bénéfice tant de la connaissance spécialisée que de l'adaptation optimale des dispositifs antiterroristes à la nature de la menace.

Avant de rendre compte de trois ouvrages consacrés à des attentats multisites ayant fait l'objet d'études détaillées, il convient de s'attarder sur quelques attentats spectaculaires ou « remarquables » et sur les critères qui permettent (éventuellement) de les identifier.

Les attentats spectaculaires et leurs effets

Le livre de Cyrille Bret, *Dix attentats qui ont changé le monde*, invite à une double réflexion. D'abord celle portant sur les conditions qui font de certains attentats des évènements spectaculaires et emblématiques, capables de devenir des révélateurs privilégiés de situations géopolitiques conflictuelles. Ensuite, la question de savoir si des attentats terroristes - même spectaculaires - ont une réelle capacité à « changer le monde » mérite d'être sérieusement posée. A ces deux questions de fond, le livre de Bret en ajoute une autre, incidente, mais que le lecteur ne manquera pas de se poser tout au long de sa lecture. A savoir si l'ignorance de la littérature et de la recherche accumulées sur le terrorisme ne constitue pas un obstacle à la rédaction d'un ouvrage, même à prétention philosophique, sur le sujet. La réponse de l'auteur (et de son éditeur) à cette question est manifestement négative, et on ne peut donc qu'en prendre acte, tout en le regrettant[14].

Il existe, comme on pouvait s'y attendre, une grande incertitude concernant les indicateurs qui justifient la décision de considérer certains attentats plus « importants » que d'autres. Ainsi le critère basé sur un seuil quantitatif est clairement insuffisant, comme cela ressort du travail de C. Quillen sur les attaques à la bombe entre 1945 et 2000, où le seuil de 25 morts a été retenu[15]. Dans un livre paru en 2014 et devenu une sorte d'usuel en la matière, Mickolus et Simmons présentent les « 50 pires attaques terroristes » après avoir procédé à une sélection en consultant des spécialistes du terrorisme et d'autres domaines non spécifiés[16].

En revanche, C. Bret ne fournit aucune indication concrète concernant les critères choisis pour sélectionner les 10 (pourquoi pas 12 ou 7 ?) attentats qui ont changé le monde (rien que cela...). Il en résulte le choix suivant : 1) le 11 septembre 2001, qui marque prétendument une rupture majeure dans la conflictualité mondiale (p. 23) ; 2) Madrid, 11 mars 2004 ; 3) Beslan, 1er septembre 2004 ; 4) Mumbai, 28 novembre 2008, traité de façon particulièrement superficielle[17] ; 5) Oslo/Utøya, 22 juillet 2011[18] ; 6) Musée du Bardo, 15 mars 2015 ; 7) Paris/Saint-Denis, 13 novembre 2015 ; 8) Bruxelles, 22 mars 2016 ; 9) Khan Cheikhoun, Syrie, 4 avril 2017, présumée attaque chimique qui permet de repérer, seulement ici (!) « le retour de la terreur d'État » (p. 165) et de caser un chapitre largement hors sujet sur le « méchant Bashar » en conformité avec la doxa « occidentale » obligatoire ; 10) Nairobi, 15 janvier 2019.

Il n'est pas nécessaire de commenter en détail les chapitres consacrés à chaque attentat dans la mesure où ils ne relèvent que très marginalement du champ des études sur le terrorisme dans lequel s'inscrit cette Veille Bibliographique. En effet, ce qui se donne à lire ici est une suite de laborieuses dissertations où le raisonnement sert avant tout pour articuler des généralités avec des poncifs, le tout soupoudré d'imprécisions et d'erreurs factuelles. Ce qui n'empêche pas ce livre, malgré son contenu similaire à ce que l'on peut trouver sous la plume d'un journaliste non spécialisé sévissant dans un hebdomadaire de gauche, de soulever de vraies questions pour la recherche sérieuse en matière de terrorisme. La mesure de l'importance ou de la « gravité » différentielle des attentats en est une, comme on l'a vu plus haut. Une autre concerne leur impact réel et en particulier leur capacité à « changer le monde ».

Bien entendu, d'amples débats ont eu lieu à ce sujet, notamment à la suite du 11 septembre 2001[19], auxquels Bret ne fait même pas allusion. La question semble résolue pour cet auteur par des affirmations à l'emporte-pièce comme « *C'est une évidence : depuis 2001, le terrorisme a bouleversé la vie de populations entières et la lutte anti-terroriste a infléchi les grands équilibres politiques, juridiques et financiers internationaux* » (p. 6). On comprend aisément que de telles affirmations qui ne sont ni vraies ni fausses, ni vérifiables en l'état ne font pas avancer la réflexion. Et il y a là toute la différence entre le bavardage et les conclusions prudentes auxquelles parvient la recherche sur les effets du terrorisme en fonction de différentes variables plus ou moins contrôlables[20]. Et renvoyer à un nébuleux « effet de terreur » comme le fait Bret pour rendre compte de l'impact de l'acte terroriste, relève de la pirouette verbale plus que de la démonstration.

Après cette brève incursion dans le domaine des séries d'attentats et des problèmes que pose leur sélection et interprétation, il est temps de passer à l'examen de travaux qui offrent de minutieuses analyses de cas précis.

Un modèle d'analyse : Londres 2005

Avec le livre de Marc Sageman on entre véritablement dans le champ de la recherche sur le terrorisme. Pour en comprendre pleinement l'importance il est nécessaire d'évoquer d'abord le contexte dans lequel il se situe et, par conséquent, les débats dans lesquels il s'inscrit.

Sans entrer ici dans un excès de détails, il faut remonter à une controverse qui, en 2008, oppose Marc Sageman (psychiatre et sociologue, longtemps employé par la CIA) à Bruce Hoffman (historien, rattaché à la RAND, puis à Georgetown) ; deux des chercheurs le plus influents dans le champ américano-israélien des *terrorism studies*. Le sujet du désaccord porte principalement sur deux questions étroitement imbriquées : a) les nouvelles modalités de la radicalisation jihadiste et de l'organisation des groupes et réseaux susceptibles de recourir au terrorisme ; b) le rôle et la dangerosité d'al-Qaïda après 2001. Parmi les épisodes les plus marquants de cette controverse il y a d'abord la parution d'un article de Sageman dans le numéro de mars-avril 2008 de *Foreign Policy*, où la thèse de l'émergence d'un « jihad sans leader » (*leaderless jihad*) est formulée en termes de succession générationnelle, après l'affaiblissement d'al-Qaïda central à la suite de la perte du sanctuaire afghan en 2001[21]. Dans les mois qui suivent, Bruce Hoffman publie un compte-rendu destructeur du dernier livre de Sageman[22] dans *Foreign Affairs*[23]. Il y défend non seulement la thèse de la persistance de la menace que fait peser al-Qaïda (dont notamment les concepteurs et praticiens des politiques antiterroristes US ont absolument besoin), mais met aussi en évidence l'inculture historique et l'inconsistance méthodologique de Sageman. Lequel, à son tour, répliqua dans le numéro suivant de *Foreign Affairs*[24] en attaquant Hoffman sur le terrain de la démarche scientifique (non-recours aux sources primaires) et en défendant son approche de la « radicalisation » violente (qui n'est malheureusement pas clairement différenciée du recours spécifique au terrorisme) par le biais de la structuration amorphe de « bandes de copains » et d'Internet. Ce à quoi Hoffman répondit, etc. La virulence de ce débat, le statut élevé des participants au sein des *terrorism studies*, ainsi que l'importance des questions débattues ont même conduit la grande presse à s'intéresser à l'affaire au cours de cette même année 2008[25].

Il est important de ne pas oublier que les questions de fond soulevées lors de cet affrontement dépassent de loin (sans les faire disparaître) les querelles d'ego et les intérêts très prosaïques liés au champ de l'expertise en matière de terrorisme. Et tant l'analyse du « phénomène al-Qaïda », véritable « pavillon de complaisance » suivant l'heureuse formule de Xavier Raufer[26], que les mécanismes concrets de production des acteurs et des actes terroristes demeurent des sujets d'actualité pour la recherche spécialisée[27]. Ce dont témoigne aussi, comme on le verra plus loin, le livre de Sageman sur les attentats déjoués et réussis au Royaume Uni, qui prolonge les thèmes de la controverse dont on vient de faire état.

Mais avant d'en aborder le contenu, il faut encore rappeler un autre débat dont Sageman fut/est le protagoniste, à propos de la « stagnation » des études sur le terrorisme. Son déclanchement se fit en deux temps. En 2013 d'abord, avec la publication dans *The Chronicle of Higher Education* d'un texte de Sageman sur la stagnation de la recherche sur le terrorisme[28]. Dans celui-ci l'auteur dénonce la coupure (pourtant moins marquée aux États-Unis qu'en Europe, et spécialement en

France) entre les acteurs du renseignement (qui savent tout mais ne comprennent rien) et les chercheurs universitaires (qui comprennent tout mais ne savent rien). Cet article suscitera quelques réflexions plus ou moins dubitatives[29], avant que le débat ne soit véritablement lancé l'année suivante lorsque Sageman publie dans *Terrorism and Political Violence* son célèbre article « *The Stagnation in Terrorism Research* »[30]. Là, tout en reprenant les thèmes antérieurement développés il insiste sur l'importance de l'accès aux sources primaires, sur la nécessité de procéder à de minutieuses analyses des mécanismes micro-groupaux (les « bandes de copains ») de la radicalisation, et sur la salutaire méfiance que doivent provoquer les études quantitatives basées sur des faits incertains. Et bien que l'approche de Sageman s'avère finalement assez fragile, car faisant abstraction de la spécificité du fait terroriste, immergé dans le magma confus de la « violence politique », l'écho de ses prises de position fut énorme (et positif) dans la discipline[31]. D'autant plus qu'en 2016 il synthétise ses arguments dans un livre méthodologiquement important[32].

Cette longue excursion dans les méandres de la discipline permet aussi de situer le livre de Sageman sur les attaques au Royaume Uni dans son contexte immédiat. Car en 2014 paraît aussi un monumental ouvrage dirigé par Bruce Hoffman et Fernando Reinares[33], contenant une impressionnante quantité d'études de cas visant à montrer le rôle, l'importance et la dangerosité d'al-Qaïda, en explicite opposition à la thèse de Sageman de la radicalisation locale par petits groupes d'amis et de parents, reliés essentiellement par Internet à la mouvance jihadiste globale.

C'est donc sur le terrain des faits, à savoir quatre complots (dont trois déjoués), que se place Sageman pour riposter aux arguments de Hoffman et Reinares ; et ce d'autant plus que trois de ses cas font également l'objet d'un chapitre dans leur livre. Cela dit, et même si cet environnement, fortement pollué par d'évidentes animosités personnelles doit être connu, l'apport du livre de Sageman, basé sur un recours intensif aux sources judiciaires, constitue un apport théorique et méthodologique bienvenu en matière d'analyse de complots et de faits terroristes concrets.

Ainsi, contrairement à ce que suggère son titre, les attentats du 7 juillet 2005 dans le métro et un bus de Londres (56 morts incluant les 4 terroristes et environ 780 blessés), qui relèvent de ce que les autorités britanniques ont appelé l'opération Theseus, ne fait l'objet que du chapitre 3 du livre. Le reste étant consacré à l'émergence des mouvances islamistes au Royaume-Uni (chap. 1) ; à l'opération Crevice (déclenchée par la Police le 30 mars 2004) pour déjouer un complot (incertain au moment des arrestations) visant à s'attaquer à des cibles indéterminées à l'aide d'explosifs à base de nitrate d'ammonium (chap. 2) ; le complot donnant lieu à l'échec de la tentative de reproduire les attentats de Londres le 21 juillet 2005 (opération Vivace, chap. 4) : et l'opération Overt (déclenchée le 9 août 2006), concernant une tentative d'utiliser des explosifs liquides pour s'attaquer à des avions faisant des trajets transatlantiques (chap. 5). Enfin, le chapitre 6 qui conclut l'ouvrage s'attache à montrer les implications théoriques, académiques et pratiques (pour l'antiterrorisme) du recours à une démarche scientifique rigoureuse (celle de Sageman) pour reconstituer adéquatement la genèse et les destins des complots terroristes, réussis ou non. Et ici l'importance des sources judiciaires est énorme, ce qui retarde fatalement le moment où les chercheurs peuvent véritablement disposer (dans le meilleur des cas) de ces données cruciales pour nourrir leur réflexion. Bien entendu, dans la mesure où ce livre s'inscrit dans la controverse dont nous avons résumé la substance plus haut, ce dernier chapitre est hautement polémique et procède à une critique ravageuse de nombreuses publications antérieures, notamment du chapitre de B. Hoffman sur les attaques du 7 juillet 2005[34].

Au-delà des détails de l'enquête minutieuse que Sageman a mené concernant ces quatre épisodes, il importe surtout de retenir les points suivants. D'abord le constat que les actes terroristes planifiés et/ou exécutés dans tous les cas procèdent d'abord d'une mobilisation endogène au Royaume-Uni. Plus exactement, du choix de recourir au terrorisme par de petits groupes aux caractéristiques ethniques similaires dans l'écrasante majorité des cas ; à savoir de jeunes adultes, généralement citoyens britanniques, issus de la seconde génération de l'immigration de masse en provenance du Pakistan. A cette base démographique de la mouvance islamiste à l'origine, notamment, du « Londonistan »[35], viennent s'adjoindre quelques convertis d'origine caribéenne ou autochtone et parfois quelques Africains subsahariens. S'agissant donc de « nationaux » ayant grandi et reçu leur (maigre) éducation en Grande Bretagne, les caractéristiques des acteurs impliqués dans la préparation ou réalisation de ces attentats ont porté au premier plan de la médiatisation et de la réflexion académique la notion de *homegrown terrorists* (ou terroristes grandis à la maison)[36].

Ce constat de l'émergence endogène de potentiels acteurs terroristes va ensuite structurer le débat sur la capacité et/ou la volonté d'entités extérieures (telles qu'al-Qaïda d'abord et l'État Islamique[37] ensuite) à inspirer, encourager ou réaliser des attaques en Europe. A cet égard les cas analysés par Sageman montrent que ce n'est qu'assez tardivement dans la trajectoire personnelle et groupale des militants islamistes que des contacts avec al-Qaïda sont recherchés (et obtenus). Ce qui bat en brèche la thèse assez répandue de réseaux de recruteurs de cette nébuleuse, constamment à l'affut en vue de recruter de nouveaux membres. Mais ici comme ailleurs, il convient d'être prudent et ne pas généraliser cette conclusion au-delà de ces cas précis.

Comprendre la genèse et la dynamique des attentats (planifiés, déjoués et réussis) au Royaume-Uni au cours des années 2000 implique donc de commencer par prendre la mesure du potentiel démographique du terreau islamiste (ici très majoritairement Pakistanais et issu d'autres minorités susceptibles de s'y associer par le biais du ciment religieux), à un moment où le modèle multiculturel britannique entre en crise[38]. Car c'est sur cette base qu'une mouvance militante se structure depuis les années 1990, en faisant jouer simultanément des effets de diaspora et des réseaux ethniques où la parenté et la solidarité jouent des rôles majeurs, pour permettre à des noyaux actifs (les « bandes de copains » de Sageman) de préparer concrètement des actes terroristes.

Enfin, un autre mérite du livre de Sageman, est de donner à voir, presque au jour le jour, comment un complot terroriste évolue et se modifie en fonction de circonstances diverses, parfois purement fortuites. Et si la plupart des jeunes adultes d'origine pakistanaise que l'on rencontre dans ses pages n'ont pas de grands antécédents judiciaires (ce qui les différencie, notamment, de la mouvance jihadiste « française »[39]) leur rapport à la religion mérite réflexion. Car contrairement à bien des débats stériles sur la « vraie » piété ou connaissance de l'islam comme fait spirituel qui éclairent peu sur la dynamique du passage à l'acte terroriste, mais sert d'utile tremplin aux sophismes de l'islamo-gauchisme[40] , c'est à la religion comme fait géopolitique qu'il faut s'intéresser ici. Et à cet égard les conséquences d'une lecture religieuse d'un fait géopolitique majeur, comme l'invasion de l'Irak en 2003, ne sauraient être passées sous silence lorsque l'on cherche à comprendre les procès insurrectionnels dont l'Europe est le théâtre[41]. En outre, ce que montre également bien le travail de Sageman, c'est que la prise en compte de la structuration complexe et visqueuse de la mouvance islamiste dans les pays d'origine des noyaux actifs diasporiques, en l'occurrence le Pakistan dans ce cas[42], est indispensable pour analyser le déroulement des actions sur le terrain européen. On retrouvera un impératif méthodologique similaire, portant maintenant sur la mouvance islamiste marocaine et le jihadisme international, dans le cas des attentats de Madrid (2004) et de Barcelone/Cambrils (2017) qui font l'objet des livres de Fernando Reinares et d'Anna Teixidor.

L'actualisation d'un travail pionnier : Madrid, 11 mars 2004

Le livre de Fernando Reinares, *11-M. La venganza de Al Qaeda* est le troisième volume que cet auteur, l'un des meilleurs spécialistes espagnols du terrorisme, a consacré aux attentats du 11 mars 2004[43]. A ce titre il constitue l'achèvement d'une enquête méticuleuse, progressivement enrichie de nouvelles données et réflexions. Et si l'on retrouve dans ce dernier livre la structure du premier (*¡ Matadlos !* 2014) on peut maintenant aussi lire une quatrième partie (pp. 233-260) qui s'attache à exposer les divers disfonctionnements, aveuglements et complicités tacites qui ont rendu possible le carnage de Madrid, réalisé avec 10 bombes posées dans quatre trains circulant entre Alcalá de Henares et la gare d'Atocha (192 morts).

Bien entendu, l'un des enjeux majeurs de ce livre réside dans l'exploration des relations directes, indirectes, induites, d'influence ou inexistantes entre les auteurs des attentats et l'entité problématique dénommée al-Qaïda. A ce titre, ce travail s'inscrit explicitement dans la controverse dont on a fait état plus haut à propos des positions de Sageman et Hoffman. F. Reinares, quant à lui, partage l'opinion du dernier, et conclut à un lien direct (quoique non linéaire, car faisant intervenir des intermédiaires et des décalages temporels) entre les terroristes de Madrid et al-Qaïda. Et sa démonstration s'appuie sur une masse impressionnante de documents, pour la plupart issus de sources judiciaires, dont la fiabilité et la véracité ne sont, toutefois, pas toujours soumises à l'indispensable évaluation critique qui s'impose dans ces cas hautement sensibles[44].

Particulièrement intéressants sont les chapitres consacrés à la conformation du noyau actif (les acteurs directs) des attentats. Celui-ci apparait comme l'agglomération de trois sous-ensembles n'ayant que l'origine ethnique en commun, (fait essentiel, faut-il le rappeler). D'abord les reliquats d'une cellule d'al-Qaïda démantelée en 2001 par les autorités espagnoles (la cellule d'Abu Dahdah) ; ensuite des membres du réseau européen du Groupe Islamique Combattant Marocain, dont certains en rapport avec les attentats de Casablanca en 2003 ; enfin, des délinquants « ordinaires » d'origine marocaine devenus islamistes assez soudainement. L'ensemble, schématisé p. 263, étant en relation avec al-Qaïda par le biais d'un émissaire d'un ressortissant marocain installé au Pakistan et appartenant à la direction des opérations extérieures de cette entité.

Suivant Reinares, c'est ce dernier individu (Amer Azizi) qui conçut dès la fin de 2001 l'idée d'un attentat en Espagne pour se venger du démantèlement de la cellule d'Abu Dahdah ; opération entérinée plus tard par la direction d'al-Qaïda à la suite de l'invasion de l'Irak et, très probablement, de la prochaine tenue d'élections en Espagne le 14 mars 2004. En effet, même si l'impact de ces attentats sur les résultats de ces élections demeure controversé[45], il n'en reste pas moins certain que le moment choisi pour ces attaques était en relation avec elles. L'enjeu étant la participation, décidée par le gouvernement Aznar (centre droit) de troupes espagnoles dans la « coalition » organisée par les États-Unis pour envahir l'Irak l'année précédente en utilisant des mensonges et manipulations maintenant de notoriété publique. En revanche, le retrait de ces mêmes troupes figurait au programme du candidat socialiste qui a finalement été élu. Dans la mémoire jihadiste (et plus largement « terroriste ») le retrait des soldats espagnols d'Irak est donc une preuve que « le terrorisme fonctionne », ce qui contribue à ajouter un élément de complexité à la question.

L'étude des attentats de Madrid en 2004 est donc riche en enseignements. Et ce d'autant plus que l'Espagne a une longue expérience du terrorisme (l'ETA commence à tuer ouvertement en 1968), et donc des politiques publiques antiterroristes[46]. L'aveuglement qui a longtemps prévalu en rapport avec la structuration sur son territoire de réseaux jihadistes en grande partie issus de l'immigration marocaine de masse est dès lors surprenant. Mais aucunement exceptionnel si l'on songe au fait que le même phénomène s'observe dans la plupart des pays européens soumis à une menace similaire. Il en découle que le travail de Reinares, tout en étant un classique de l'analyse d'un complexe terroriste au sein de la discipline des études sur le terrorisme, est aussi une mine de réflexions sur les conditions d'efficacité des dispositifs antiterroristes confrontés à des réseaux ethniques diasporiques profondément insérés dans une base démographique en constante expansion.

Une enquête journalistique intéressante : Barcelone et Cambrils, 2017

Le livre d'Anna Teixidor sur les attentats de Barcelone/Cambrils des 17/18 août 2017 (16 morts, sans compter les terroristes, environ 140 blessés) mérite d'être lu par les chercheurs spécialisés en études sur le terrorisme pour au moins deux raisons. La première, que nous ne ferons qu'évoquer rapidement ici, concerne les conditions très particulières dans lesquelles les dispositifs antiterroristes espagnols et catalans ont fonctionné avant, pendant et après ces attentats. La deuxième porte sur les enseignements que l'on peut tirer de la conformation et des actions terroristes du groupe jihadiste localisé à Ripoll.

Pour comprendre le contexte de la rédaction du livre de Teixidor, par ailleurs journaliste à TV3 (télévision catalane), initialement rédigé en catalan, il est impossible de faire abstraction du climat politique particulièrement tendu au moment des attentats, en raison de la tenue prochaine (1er octobre 2017) du référendum (illégal) sur l'indépendance de la Catalogne. Et s'il n'est fait état de ce contexte que par allusions dans le livre (par exemple p. 330 et ss.), l'insistance sur l'efficacité de la Police catalane (les *Mossos d'Equadra*) et celle des mesures (jugées adéquates) prises par les autorités locales, ne se comprend qu'en fonction des controverses qui ont suivi les attentats et qui se poursuivent de nos jours. Et à ce propos on dispose de la remarquable étude de Alonso et Castán qui analyse l'ensemble des dysfonctions qui se sont produits tout au long de cet épisode[47]. Car si les problèmes de coordination entre les institutions espagnoles de lutte antiterroriste (Police Nationale, Guardia Civil, centre de renseignement) étaient - et sont - déjà considérables, les interactions de ces autorités avec leurs interlocuteurs catalans, pleinement inscrits dans la démarche séparatiste, se sont avérées détestables. Et ce au détriment tant de la prévention que du bon déroulement de l'enquête. Il n'est pas nécessaire de développer ici cet aspect de la problématique entourant ces attentats ; simplement il s'agit de ne pas oublier leur importance pour la compréhension d'ensemble de cette étude de cas[48].

Mais l'apport sans aucun doute le plus intéressant du livre de Teixidor réside dans le récit détaillé, issu d'une patiente enquête de terrain, de la constitution du groupe d'une dizaine de très jeunes individus qui s'est formé dans la localité de Ripoll (province de Gérone), très probablement à partir de 2015, sous l'influence d'un immam autoproclamé (et antérieurement condamné pour trafic de stupéfiants). Dans ce cas de figure la totalité des membres sont d'origine marocaine, et l'entite transnationale dont ils se réclament (ou avec laquelle ils ont des relations plus ou moins directes)[49], est maintenant non plus al-Qaïda, mais l'État Islamique.

Ici encore, à la différence du cas « français » déjà mentionné, très peu de membres de cette cellule ont des antécédents judiciaires sérieux (mais ils commettront des vols pour financer les attentats projetés) ; leur niveau scolaire étant faible, leur insertion professionnelle est (donc) compliquée, comme pour beaucoup de membres de la seconde génération de l'immigration de masse marocaine en Europe. Mais sans doute la donnée la plus marquante dans ce cas est le rôle que jouent les relations de parenté. Car sur les neuf jeunes directement impliqués dans la préparation et la réalisation des attentats, on a quatre paires de frères (certains entretenant par ailleurs des relations de cousinage). Cette importance des relations de parenté dans la constitution de cellules jihadistes (sans oublier les intermariages fréquents) qui a déjà été observée dans de nombreux cas antérieurs (frères Merah, Abdeslam, Kouachi, Tsarnaev...) explique en partie les difficultés qu'éprouvent les services de renseignement pour les détecter à temps. Car l'infiltration est pratiquement irréalisable dans de telles configurations, et la dénonciation de personnes appartenant à l'entourage familial est rarissime[50]. Ce rôle décisif de la parenté dans la structuration des noyaux actifs (ceux qui passent à l'acte, ou tout au moins le préparent) des mouvances ethniques mérite de faire l'objet de recherches approfondies. Pour autant, certes, que l'on abandonne l'aveuglement idéologiquement imposé concernant les réalités ethniques qui sont à la base de tels phénomènes.

Un autre apport du travail de Teixidor à trait à la question très souvent discutée sans bases scientifiques de l'influence d'Internet dans les procès de « radicalisation »[51]. Et ici, une fois encore, on constate que si l'usage d'Internet (réseaux sociaux et recherche d'information) est réel, quoique limité par le fait que tous les membres du groupe habitent à proximité et se fréquentent presque quotidiennement, il n'intervient qu'*après* que l'influence de l'immam autoproclamé se soit exercée sur eux. Dès lors il s'agit pour eux de rechercher sur la toile des compléments d'information religieuse et des données pratiques (confection d'explosifs) ou encore des éléments permettant le repérage de cibles. En somme, c'est seulement lorsqu'ils ont adopté des convictions et des attitudes jihadistes qu'ils ont cherché sur Internet des moyens susceptibles d'améliorer leurs compétences opératives, au demeurant extrêmement modestes.

C'est donc en rapport avec les acquis de la recherche générale sur le terrorisme que le livre d'Anna Teixidor doit se lire, car les réflexions contextuelles qu'il permet, et les données factuelles qu'il offre sont une contribution intéressante à l'accumulation indispensable d'études détaillées sur des cas concrets. Car, on ne se lassera pas de le répéter, toute avancée significative dans l'approche théorique du fait terroriste est dépendante d'une histoire rigoureuse du plus grand nombre possible de complexes terroristes envisagés dans la totalité de leurs aspects. Et l'une des conditions pour parvenir à ce but est, justement de disposer d'un nombre croissant d'études de cas de bonne qualité et intégrables dans une perspective comparative. Les ouvrages dont on a rendu compte ici contribuent chacun à sa manière (parfois quelque peu paradoxale, pour le premier) à ce chantier indispensable.

Notes

1. Daniel DORY, Maître de Conférences HDR à l'Université de La Rochelle. Spécialisé en analyse géopolitique du terrorisme.
2. Pour le cadre théorique de cette approche, voir : Daniel Dory, « L'analyse géopolitique du terrorisme : conditions théoriques et conceptuelles », *L'Espace Politique*, N° 33, 2017, (en ligne) ; Daniel Dory, « Le terrorisme comme objet géographique : un état des lieux », *Annales de Géographie*, N° 728, 2019, 5-36. Voir également D. Dory, « Les *terrorism studies* à l'heure du bilan », *Sécurité Globale*, N° 22, 2020, 123-142.
3. Faits sur lesquelles le « grande presse » entretient un étrange silence... Voir, par exemple : Xavier Raufer, « Moyen Orient, terrorisme d'État et stratégie indirecte », *Conflits*, N° 33, 2021, 51-52, et Xavier Raufer, *À qui profite le djihad ?* Editions du Cerf, Paris, 2021, 50-58.
4. On ne mentionnera pas ici les attentats qui sont analysés dans les ouvrages qui font l'objet de comptes-rendus dans ce texte, et qui seront traités plus bas en leur place.

5. Bruce Hoffman, « The Bombing of the King David Hotel, July 1946 », *Small Wars and Insurgencies*, Vol. 31, N° 3, 594-611.
6. Nathaniel Powell, « The « Claustre Affair ». A hostage crisis, France and civil war in Chad, 1974-1977 », in : Jussi M. Hanhimäki ; Bernhard Blumenau, (Eds.). *An International History of Terrorism*, Routledge, London-New York, 2013, 189-209.
7. Richard Thornton, « The hijacking of TWA-847. A strategic analysis », in : Jussi M. Hanhimäki ; Bernhard Blumenau, (Eds.), *An International History of Terrorism*, Routledge, London-New York, 2013, 133-148.
8. Andrew Silke, « Beyond Horror : Terrorist Atrocity and Search for Understanding – The Case of Shankill Bombing », *Studies in Conflict and Terrorism*, Vol. 26, N° 1, 2003, 37-60.
9. James Dingley, « The Bombing of Omagh, 15 August 1998 : The Bombers, Their Tactics, Strategy and Purpose Behind the Incident », *Studies in Conflict and Terrorism*, Vol. 24, N° 6, 2001, 451-465.
10. Mahi Binebine, *Les Étoiles de Sidi Moumen*, Flammarion, Paris, 2010.
11. La monographie de base sur ces attentats est : Jack Kalpakian, « Building the Human Bomb : The Case of the 16 May 2003 Attacks in Casablanca », *Studies in Conflict and Terrorism*, Vol. 28, N° 2, 2005, 113-127. On peut en compléter l'information avec : Jack Kalpakian, « Comparing the 2003 and 2007 Incidents in Casablanca », in : Bruce Hoffman ; Fernando Reinares, (Eds.), *The Evolution of the Global Terrorist Threat*, Columbia University Press, New York, 2014, 498-518. A noter que cet ouvrage collectif contient une série d'intéressantes études de cas, traitées suivant des perspectives différentes et d'une rigueur inégale.
12. Anne Gidicelli ; Luc Brahy, *13/11. Reconstitution d'un attentat. Paris, 13 novembre 2015*, Ed. Delcourt, Paris, 2016.
13. Pour une discussion méthodologique plus ample concernant les sources primaires dans les études sur le terrorisme : Bart Schuurman ; Quirine Eijkman, *Moving Terrorism Research Forward : The Crucial Rôle of Primary Sources*, ICCT, Background Note, june 2013.
14. Cet auteur a, en effet, déjà exhibé son ignorance en matière d'études sur le terrorisme dans une antérieure « dissertation de philo » : Cyrille Bret, *Qu'est que le terrorisme ?* Vrin, Paris, 2018. Nous en avons rendu compte dans : Daniel Dory, « Terrorisme : retour sur quelques questions fondamentales », *Sécurité Globale*, N° 17, 2019, 111-119.
15. Chris Quillen, « A Historical Analysis of Mass Casuality Bombers », *Studies in Conflict and Terrorism*, Vol. 25, N° 5, 2000, 279-292.
16. Edward Mickolus ; Susan L. Simmons, *The 50 Worst Terrorist Attacks*, Praeger, Santa Barbara, 2014.
17. Comparer, par exemple, le chapitre de Bret avec ce que peut produire une spécialiste du terrorisme est un exercice cruel mais salutaire : Christine Fair, « The 2008 Mumbai Attacks », in : Bruce Hoffman ; Fernando Reinares, (Eds.), *The Evolution of the Global Terrorist Threat*, Columbia University Press, New York, 2014, 571-599.
18. Pour un exemple de vraie enquête sur le sujet : Laurent Obertone, *Utøya*, Ring, Paris, 2016.
19. Une bonne synthèse de cette discussion telle qu'elle s'est structurée assez tôt après l'évènement se trouve dans : Caroline Kennedy-Pipe ; Nicholas Renger, « Apocalypse now ? Continuities or disjunctions in world politics after 9/11 », *International Affairs*, Vol. 82, N° 3, 2006, 539-552.
20. On a rendu compte de quelques travaux portant sur ce sujet dans : Daniel Dory, « L'efficacité du terrorisme en questions », *Sécurité Globale*, N° 20, 2019 157-168. Pour un aperçu général sur les enjeux de la recherche scientifique sur le terrorisme, voir : Daniel Dory, « Terrorisme : retour aux fondamentaux », *Conflits*, N° 33, 2021, 42-46.
21. Marc Sageman, « The next generation of Terror », *Foreign Policy*, march-april 2008, 37-42. L'auteur propose une vision un peu différente de la succession générationnelle au sein du jihadisme, enrichie d'intéressantes considérations sociologiques, dans : Marc Sageman, « Ripples in the waves. Fantasies and fashions », in : Jean E. Rosenfeld, (Ed.), *Terrorism, Identity and Legitimacy*, Routledge, London-New York, 2011, 87-92.

22. Il s'agit de Marc Sageman, *Leaderless jihad*, University of Pennsylvania Press, Philadelphia, 2008. Voir un autre compte-rendu de ce livre par J. Sinai dans *Perspectives on Terrorism*, Vol 2, N° 6, 2008, 20-21.
23. Bruce Hoffman, « The Myth of Grass-Roots Terrorism. Why Osama bin Laden Still Matters », *Foreign Affairs*, Vol. 87, N° 3, 2008, 133-138.
24. Marc Sageman, « Does Osama still call the shots ? Debating the containment of al Qaeda's leadership » *Foreign Affairs*, Vol. 87, N° 4, 2008, 163-166, (avec la réponse de B. Hoffman).
25. Par exemple : Eliane Sciolino ; Eric Schmitt, « A Not Very Private Feud Over Terrorism » *The New York Times*, 8 juin 2008.
26. Voir : Xavier Raufer, « L'enigme al-Qaïda », *Outre-Terre*, N° 14, 2006, 39-48. Il n'est pas inutile de rappeler que beaucoup de controverses (dont celle évoquée ici) auraient gagné à prendre en compte préalablement les interrogations sur la véritable nature d'al-Qaïda, telles qu'elles ont été formulées dès 2003 par Xavier Raufer, « Al Qaeda : a Different Diagnosis », *Studies in Conflict and Terrorism*, Vol. 26, N° 6, 2003, 391-398.
27. Il en va de même, quoique dans une moindre mesure, pour les enjeux à la base du « débat » français qui agitera quelques années plus tard les tenants de la « gauche caviar » (Kepel, etc.) et ceux de la « gauche couscous » (Roy, etc.) à propos de la « radicalisation de l'islamisme » ou de « l'islamisation de la radicalité ». Lire, par exemple : Leyla Dakhli, « L'islamologie est un sport de combat », *Revue du Crieur*, N° 3, 2016, 4-17.
28. Marc Sageman, « The Stagnation of Research on Terrorism », *The Chronicle of Higher Education*, 30 avril 2013 (en ligne).
29. John Horgan ; Jessica Stern, « Terrorism Research Has Not Stagnated », *The Chronicle of Higher Education*, 8 mai 2013 (en ligne).
30. Marc Sageman, « The Stagnation in Terrorism Research », *Terrorism and Political Violence*, Vol. 26, N° 4, 2014, 565-580. Voir aussi la discussion à laquelle participent plusieurs figures influentes des *terrorism studies* (pp. 581-620).
31. Par exemple : Bart Schuurman, « Using Primary Sources for Terrorism Research : Introducing Four Case Studies », *Perspectives on Terrorism*, Vol. 8, N° 4, 2014, 62-64.
32. Marc Sageman, *Misunderstanding Terrorism*, University of Pennsylvania Press, Philadelphia, 2016.
33. Bruce Hoffman ; Fernando Reinares, (Eds.), *The Evolution of the Global Terrorist Threat*, Columbia University Press, New York, 2014.
34. Bruce Hoffman, « The 7 July 2005 London Bombings » in : Bruce Hoffman ; Fernando Reinares, (Eds.), *The Evolution of the Global Terrorist Threat*, Columbia University Press, New York, 2014, 192-223.
35. Stephen Ulph, « Londonistan », *Terrorism Monitor* (Jamestown), Vol. 2, N° 4, feb. 2004.
36. Voir : Paul Tumelty, « An In-Depth Look at the London Bombers », in : *Unmasking Terror*, The Jamestown Foundation, Washington, Vol. 2, 2005, 437-443.
37. Concernant l'État Islamique qui promeut au cours de la décennie suivante des modes différents d'articulation entre un territoire central et ses extensions périphériques, lire : Lorenzo Vidino ; Francesco Marone ; Eva Entenmann, *Fear thy Neighbor. Radicalisation and Jihadist Attacks in the West*, ICCT, ISPI, Georgetown, Ledizioni, Milano, 2017.
38. Cette question est abordée, par exemple, par Delphine Papin, « Les attentats de Londres, révélateurs du malaise de la nation britannique », *Hérodote*, N° 120, 2006, 190-199.
39. Comparer avec : Daniel Dory, « Jihadisme, radicalisation et terrorisme : à propos du cas français », *Sécurité Globale*, N° 24, 2020, 109-121.
40. Par exemple ; Bill Durodié, « Les attentats de Londres du 7 juillet 2005 : un nihilisme made in the UK », in : Didier Bigo et Al. (Dirs.), *Au nom du 11 septembre...*, La Découverte, Paris, 2008, 293-301.
41. On dispose sur ce point de la bonne étude de Peter Nesser, « Jihadism in Western Europe After the Invasion of Iraq : Tracing Motivational Influences from the Iraq War on Jihadist Terrorism in Western Europe », *Studies in Conflict and Terrorism*, Vol. 29, N°4, 2006, 323-342.

42. Pour un aperçu de la mouvance pakistanaise à l'époque des fait étudiés par Sageman, voir : Mariam Abou Zahab (entretien), « L'islamisme combattant au Pakistan : un état des lieux », *Hérodote*, N° 139, 2010, 87-98. On peut utilement actualiser cette information avec : Alain Lamballe, « L'État pakistanais et les groupes terroristes », *Conflits*, N° 33, 2021, 53-55.
43. Fernando Reinares, *¡ Matadlos !* Galaxia Gutenberg, Barcelona, 2014 ; F. Reinares, *Al-Qaeda's Revenge : The Madrid Train Bombings*, Columbia University Press, New York, 2017. Voir le compte-rendu de ce livre par Manuel Torres-Soriano dans *Terrorism and Political Violence*, Vol. 31, N° 2, 2019, 426-427.
44. Il suffit de rappeler ici les différentes interprétations alternatives qui ont vu le jour à propos de cette affaire, et dont on a un aperçu dans : Miguel Chueca, « Les attentats du 11 mars 2004 à Madrid et les « théories de la conspiration » », *Agone*, N° 47, 2012, 105-143.
45. Comparer à cet égard : Valentina A. Bali, « Terror and Elections : Lessons from Spain », *Electoral Studies*, Vol. 26, 2007, 669-687 ; José G. Montalvo, « Re-examining the evidence on the electoral impact of terrorist attacks : The Spanish election of 2004 ». *Electoral Studies*, Vol. 31, 2012, 96-106. Pour une bonne contextualisation historique : Juan Avilés, « Los atentados del 11-M y el movimiento yihadista global », *Historia del Presente*, N° 14, 2009, 57-72.
46. On consultera sur ce sujet avec profit la bonne synthèse de Juan Avilés, *El terrorismo en España : de ETA a Al Qaeda*, Arco/Libros, Madrid, 2010.
47. Rogelio Alonso ; Jesús Castán, « The Barcelona and Cambrils atttacks : A case study of the Impact of Political Descentralisation and Separatism on Counter Terrorism Policing », *Studies in Conflict and Terrorism*, 2020 (preprint, en ligne).
48. Pour une synthèse commode de l'information de base sur ce cas : Fernando Reinares ; Carola García-Calvo, *Un análisis de los atentados terroristas en Barcelona y Cambrils*, Real Instituto Elcano, ARI, 12/2018.
49. Sur cette question, toujours non élucidée, voir : Xavier Raufer, *À qui profite le djihad ?* Editions du Cerf, Paris, 2021, 39-42.
50. Mohammed M. Hafez, « The Ties that Bind : How Terrorists Exploit Family Bonds », *CTC Sentinel*, Feb. 2016, 15-17.
51. Pour une mise au point salutaire : Gary LaFree, « Terrorism and the Internet », *Criminology and Public Policy*, Vol. 16, N° 1, 2017, 93-98.

Trois questions à Michel Maffesoli, à propos de son dernier livre paru, *L'Ère des soulèvements*, éditions du Cerf, Mai 2021

Question 1 – Habitué des analyses sur longue période des changements civilisationnels à l'œuvre, votre dernier ouvrage est consacré à l'actualité proche : les mouvements des Gilets jaunes, l'incendie de Notre Dame et plus longuement la crise sanitaire. Pourquoi cet intérêt quasi-journalistique et qu'entendez-vous par le mot crise ?

MM – On peut tout à fait s'intéresser à l'actualité, sans succomber aux facilités auxquelles nous habituent les journalistes. Il convient pour reprendre la formule du poète, de ne pas être attentif au « clapotis des causes secondes », mais bien au contraire s'intéresser aux questions essentielles. C'est en ce sens qu'au-delà de ce qu'il est convenu d'appeler, d'une manière lancinante crise économique ou crise sanitaire, nous sommes confrontés à une crise civilisationnelle comme cela arrive chaque deux ou trois siècles.

En la matière des gilets jaunes à la gestion du Covid 19, nous assistons à une mutation de fond. N'oublions pas qu'en son sens étymologique la crise (Krisis) c'est certes un jugement qui est porté par ce qui est en train de naître à l'encontre de ce qui est en train de cesser, mais c'est plus trivialement le crible, l'instrument agricole servant à trier les céréales, rejeter le son et conserver le grain. A chaque changement d'époque l'imaginaire de l'époque, les représentations du monde, du rapport à la nature, à l'histoire évoluent et sont progressivement remplacées par d'autres valeurs. En la matière les grandes valeurs modernes, celles de l'individualisme et du progressisme sont à l'agonie et d'autres valeurs plus traditionnelles, telle la communauté, l'émotionnel, la progressivité retrouvent un impact indéniable.

C'est cette mutation que les élites, ceux qui ont le pouvoir de dire et de faire, s'emploient à masquer. Mais c'est ce que les divers soulèvements, passes et à venir vont de plus en plus accentuer. Car quand il y a un divorce entre le peuple et les élites, quand les mots employés par ceux qui ont le pouvoir de dire (les politiques, les médias, les intellectuels, les décideurs) ne paraissent plus pertinents au plus grand nombre, se développent les discours de haine et de ressentiment. C'est cela la crise actuelle : des élites qui se cramponnent à un discours et des actions qui n'ont plus de prise sur la réalité vécue au quotidien.

Question 2 – Vous parlez d'une recrudescence des soulèvements, votre titre même L'Ère des soulèvements *semble indiquer qu'il s'agit d'un mouvement de fond. Quels sont les signes annonciateurs de ces soulèvements et contre qui et quoi les populations se soulèvent-elles ?*

MM - Vilfredo Pareto rappelait avec justesse que, régulièrement, on assiste à une « **circulation des élites** ». C'est bien un processus de cet ordre qui est en jeu actuellement, processus qui ne passe pas par l'habituelle forme politique, mais par toute une série d'insurrections, de soulèvements, de révoltes pouvant aller de l'abstention aux émeutes et autres violences. L'histoire est riche en événements de ce type : pensons aux violences qui ont accompagné la fin de l'Empire romain, les assassinats des prétendants au trône, les batailles entre légions ; pensons aux jacqueries médiévales et aux diverses attaques des châteaux au moment de la Révolution.

Ces manifestations ne sont pas très différentes des manifestations urbaines dégénérant en émeutes, des rodéos dans les quartiers de banlieues, voire des combats entre gangs ennemis. Dans ces périodes de mutation, la violence a une fonction cathartique, elle sert à éprouver en commun une émotion. Elle est destructrice, mais peut se révéler constructive. C'est une forme de mobilisation des énergies, pour le meilleur et pour le pire. Comme nombre de phénomènes sociaux, la violence mérite non pas d'être déniée, éradiquée, mais accompagnée, homéopathisée.

Question 3 – Vous pointez dans la gestion du Covid comme dans la réponse faite aux manifestations des gilets jaunes une utilisation de la peur, une théâtralisation d'un Etat protecteur. Qu'entendez-vous par là ?

MM – Il faut se souvenir que chaque fois qu'une élite est en cours de perdition, elle utilise la stratégie de la peur pour se maintenir au pouvoir. Souvenons-nous par exemple comment une cléricature désincarnée maniait la peur de l'Enfer pour soumettre un peuple désordonné. De même avec la théologie de la prédestination, la Réforme protestante, sous ses diverses modulations mettait en œuvre ce qui progressivement s'est appelé la valeur travail afin de soumettre les classes subalternes à un matérialisme, un productivisme, un consumérisme à courte vue.

C'est toujours la peur de l'avenir qui est agitée pour réguler le présent, pour imposer un ordre surplombant à défaut d'un ordre interne, congruent avec le vécu populaire quotidien.

Il en est de même de nos jours où sous couvert d'une pandémie censément mortifère, l'élite médiatico-politique s'emploie à susciter une psychose, une hystérie et ce afin de maintenir un pouvoir des plus fragiles.

Pour reprendre un terme proposé par Platon dans la République : « **théâtrocratie** », on assiste aujourd'hui à une théâtralisation à outrance d'un État censément protecteur dont le but essentiel est de brider la puissance populaire. Une telle théâtrocratie est on ne peut plus dangereuse, car elle tend à gommer voire à dénier ce qui est un élément essentiel de la nature humaine : la **finitude**. On peut rappeler que c'est le refus de la finitude qui risque d'engendrer le retour des formes de violence perverse et l'actualité n'est pas avare d'expressions de celle-ci. Les tueries, les gangs de racailles, sans oublier ce qui est, contemporainement, le plus important le terrorisme islamiste, tout cela sont comme autant d'effets pervers consécutifs à l'hygiénisme et l'aseptie de la vie sociale.

Il est particulièrement frappant de voir que durant cette « crise », le pouvoir a non seulement agité les peurs, mais il a interdit les rites divers de conjuration de la mort (accompagnement des proches en fin de vie, obsèques) et prôné l'isolement de chacun. Ce qui ne peut que susciter soit des phénomènes de retrait, dépressions, suicides, abstentions politiques, délation, soit des phénomènes de soulèvement, plus ou moins violents. Il n'est pas nécessaire d'être un grand prophète pour diagnostiquer que ces soulèvements vont ponctuer l'actualité dans les mois à venir.

VEILLE BIBLIOGRAPHIQUE

La corruption, comment ça marche ? Fraudes, évasion fiscale, blanchiment

Noël PONS

Pourquoi cet ouvrage, pourquoi une telle somme ?

C'est l'adage latin « Fraus omnia corrumpit », la fraude corrompt tout, qui est le propos de cet ouvrage décryptant les pratiques frauduleuses confinées dans un univers accessible aux seuls initiés et les maux qu'elles engendrent alors qu'elles ont intégré le cœur de l'économie et que, souvent, elles ont pris la main sur l'activité elle-même.

Les fraudes, dans leur acception la plus large, sont désormais industrielles, internationales et généralisées. Ce domaine est l'un des plus florissants de l'économie actuelle et crée des masses d'argent occulte et autant de pertes pour les finances publiques.

Cet ouvrage décline donc un aphorisme :

- Celui qui fraude doit blanchir
- Celui qui corrompt doit frauder puis blanchir
- Tous ont besoin d'argent sale dont les criminels disposent à foison !

Il démystifie les pratiques de l'ombre, décrivant les techniques de base utilisées illustrées de cas réels dans lesquels bien des « premiers de cordée » et tant d'autres peuvent se reconnaître. Il peut aussi servir de support pour tous ceux qui désireraient mieux comprendre où investiguer les fraudes complexes.

Alors comment fonctionne l'écosystème des fraudes ?

Il associe en tant que de besoin tous les participants à l'ingénierie du faux, un consortium de magouilleurs, diffusant les métastases du cancer dans les opérations économiques. Les montages utilisés, « urbi et orbi », ne peuvent se contenter d'un accompagnement rudimentaire ou épisodique : la demande est immense, complexe, diversifiée, et tellement rémunératrice. Les mystifications les plus courantes opérées par ces conseils au titre de leurs rémunérations sont aussi décrites.

Ce métier « moderne » s'est bien développé ! Des cohortes d'avocats d'affaires, de comptables, de notaires, de conseils fiscaux et de banquiers qui accompagnaient déjà le blanchiment ont conçu et diffusé des montages sur mesure et sur étagère, qui s'articulent autour de paradis fiscaux, de nombre de pays « rebonds » et de réseaux constitués entre conseils et partenaires délinquants. Ils collent constamment aux besoins des clients considérant que la transparence est ontologiquement intolérable. L'activisme de ces intermédiaires et les demandes des entreprises ont envahi tous les domaines. La mondialisation et l'internet ont bien amélioré leur efficacité et leur efficience en se jouant des frontières. Le flux financier est alors découplé du flux documentaire et de la propriété intellectuelle et les manipulations se déclinent désormais à l'infini. C'est un meccano géant fluide et réactif à l'échelle du monde qui s'est informatisé en s'appuyant sur les failles et les blocages des diverses législations.

Ces seigneurs de l'ombre, agents multicartes des manipulations, déploient leur activité dans chacun des cinq domaines décrits dans l'ouvrage. Grands créateurs de fictions juridiques, véritables « couteaux suisses » des montages dont ils organisent l'installation et le suivi. Il s'agit des paradis fiscaux, des conseils, des sociétés écrans, d'un montage propre à l'oligarchie : la rétro commission, des banques et banquettes expertes dans l'art du blanchiment officialisant les flux douteux un moment invisibles et réapparaissant purifiés.

Les grands cabinets de conseil, pour leur part, n'hésitent pas à élaborer des montages défiscalisants complexes multipliant les filiales offshores et développant les montages dits « d'optimisation » avec les « pique assiette » européens entre autres.

Le paradis fiscal, caisse noire des entités pratiquant l'évasion fiscale, l'optimisation fiscale ou la gestion des fonds provenant des activités criminelles se comporte comme une plateforme et joue un rôle central dans ces montages. Quant à la liste officielle, c'est une farce, les pays les plus nocifs n'y figurant pas et nombre de ces confettis sont issus d'enjeux géopolitiques. Si ce n'était le cas, une brigade motorisée ou une rupture du courant électrique suffirait à modérer leurs ardeurs ! La réussite majeure de ces entités c'est d'avoir su créer les réseaux utiles et des circuits de communication protégés à l'instar des groupes criminels.

En fait, qu'il s'agisse de manipuler les valeurs de transfert, de faire tourner les fausses factures, ou d'éviter le paiement de la TVA, leur opacité permet à qui le désire de disposer de fonds en franchise d'impôts. Ces derniers étant recyclés en partie sur les marchés après une succession complexe d'opérations à l'occasion desquelles les fonds criminels se mélangent aux produits de la fraude.

Toute cette organisation est structurée autour de chaînages de faux : fausses factures, faux contrats, surfacturations et factures de complaisance. Des sommes conséquentes transitent par ces filtres.

Et tout cela participe aux fraudes fiscales et sociales ?

La fraude fiscale, sujet obsédant et complexe qui nous concerne tous, est l'objet de toutes les attentions. Érigeant en système l'appauvrissement collectif, elle utilise allégrement tous les montages décrits ci-dessus. Quelques avancées ont, certes, été constatées, cependant la masse des fraudes, plus de cent milliards d'euros par an, près de onze milliards de fraudes sociales s'y ajoutent, nécessite des mesures exceptionnelles difficiles à prendre pour ceux qui visent une élection. L'ouvrage décrit les comportements des fraudeurs, leur profil par type de secteur agressé, il désigne les mille et une opportunités de montages utilisés par les entreprises par cycle comptable et celles de leurs dirigeants. Il démontre aussi que l'assise des escroqueries sociales est bien plus importante dans le secteur des cotisations (8 milliards environ) que dans celui des prestations (2,3 milliards).

Il décortique aussi les techniques les plus utilisées par les particuliers, les entreprises, par leurs dirigeants, par les multinationales et les entreprises numériques pour frauder ou pour minorer leurs bases imposables. En fait, c'est une étude générale des caisses noires qui est développée ici.

La TVA, impôt le plus fraudé, les carrousels, l'escroquerie au carbone champ de jeu de la criminalité, plus récemment les plates formes d'achat sur internet ont fait et font perdre des milliards d'euros au pays.

En matière de fraudes, c'est bien « un pognon de dingue » qui est perdu pour l'État et pas forcément là où on le préjuge.

Et l'hyper corruption dans tout cela ?

La globalisation, un monde multipolaire, les nouvelles hiérarchies économiques, les prouesses des techniciens du faux et la criminalisation des économies ont fait de la corruption un outil universel utilisable sans exception aucune. La mondialisation, la haute technicité des manipulations et la disparité des corpus juridiques constituent les vecteurs primordiaux de l'aggravation du phénomène corruptif. Il s'accomplit dans la rente des corrompus et jamais dans la redistribution. De plus les cleptocrates, et ils sont nombreux ne favorisent pas les dynamismes mais le conservatisme local.

L'ouvrage identifie les procédés utilisés pour gommer les effets des procédures anticorruption et pour initier des manipulations, savantes, qui perfectionnent les montages relatifs à la corruption transnationale. Il démontre aussi comment les sanctions américaines sous-couvert de lutte anticorruption accèdent aux secrets des entreprises mises en cause. Et finalement ce sont les prestataires, multiples et onéreux qui en profitent sans se préoccuper des intérêts nationaux.

Il propose ensuite une balade assez affligeante dans la corruption ordinaire hexagonale, puis brosse un tableau accablant des pratiques corruptrices dans le monde.

Qu'en est-il des marchés publics en France ?

Les atteintes à la probité affectent les marchés publics et ces dérives rongent le cœur même de la démocratie. Leur montant aussi n'est pas négligeable, plus de cent milliards d'euros pour la France et un potentiel de fraudes possibles évalué entre 15 et 30 % d'après l'OCDE.

Il est souvent fait fi des trois principes fondamentaux composant l'essence de la réglementation : la liberté, l'égalité d'accès et la transparence. Une parfaite transparence est exigée dans ce domaine, or elle est sans cesse chicanée par les non-dits, la mauvaise foi, les faux documentaires, les fraudes et les pratiques corruptrices qui portent atteinte à la probité mais aussi aux finances. Le lecteur pénètre ici dans la boîte noire.

Ainsi une cartographie des dérives par phase a été élaborée et illustrée par de multiples exemples. Les montages se développent donc dans les études, l'évaluation du besoin, l'évitement des appels d'offres, les fraudes au moment du choix des bénéficiaires, surtout dans l'exécution et en fin de parcours. Tout le cycle est couvert ! Les ententes et les « tables » constituent le point d'orgue des montages affectant les fraudes aux marchés, et de cela on parle peu. En fait c'est la « génération Balkany » qui est décrite ainsi que l'indélicatesse de certains responsables bien aidés par les corrupteurs. Les contrôles, sont rarement exercés de manière systématique et approfondie. Le contrôle de légalité pratiqué par les services préfectoraux est limité par les moyens humains, par l'effet technicité, l'effet volume et la pression du politique local. Les autres contrôles sont conçus comme des contrôles de conformité, conformité aux textes, aux procédures, aux règles budgétaires... Dans ce dispositif, un montage savamment organisé reste indécelable. L'articulation des pratiques frauduleuses auxquelles on a recours pour transmettre leur denier aux corrompus est aussi exposée.

Un autre point est identifié comme présentant des risques majeurs : les grands travaux en cours sont traités en urgence, le politique a fixé une date butoir, point n'est besoin d'être Cassandre pour penser que des dérives monstrueuses auront lieu, autant dans la gestion, déjà pressenties et dénoncées par la Cour des comptes et l'Inspection des finances que dans les contournements de procédure et les inévitables remboursements de frais, que dans l'exécution, finalement rien d'autre que du « business as usual ».

Et la criminalité organisée, pourquoi apparaît-elle dans un ouvrage relevant de l'économie des fraudes ?

Les organisations criminelles s'intègrent aisément dans le monde économique du fait de leurs exceptionnelles et liquides disponibilités financières. Elles sont souvent présentes, directement ou indirectement dans des activités commerciales, en particulier dans le secteur touristique, immobilier, du BTP, de la restauration et des transports entre autres sans jamais négliger les techniques nouvelles tout en développant leur business historique. Elles ont besoin d'entreprises officielles à des fins stratégiques, organisationnelles, financières et surtout dans leur approche des pouvoirs. L'exemple du gang de la Brise de Mer le démontre, la plupart des gains était réintégré dans des entreprises « propres ». Quant au système bancaire il facilite le blanchiment des gains illégaux. Les criminels disposent de fonds à foison, ils ont les moyens de se faire respecter mais sont en manque de reconnaissance. Les entreprises disposent de la reconnaissance mais peuvent manquer de trésorerie ou de moyens pour se développer. L'articulation de ces caractéristiques constitue évidemment une opération « gagnant-gagnant » pour qui, poussé par l'obligation de majorer ses profits, ne dispose pas d'une éthique solide. De plus, de nombreux pays, on l'a vu, sont criminalisés et le modèle mondialisé facilite ces rapprochements.

La criminalité et quelques nouveaux acteurs ont transformé l'avènement cyber en une source exceptionnelle de revenus. Ils ont développé, intégrant dans leurs montages la sous traitance en cascade, un système de chantage mondialisé. La pandémie a facilité cette évolution et la cyber criminalité est devenue pour la dizaine d'années à venir l'un des problèmes majeurs de la sécurité des entreprises.

Les criminels savent parfaitement utiliser les fraudes pour s'enrichir, tout aussi bien que les entreprises classiques. Les États sont pour eux une source infinie de profits. La corruption et les chantages sont deux des vecteurs essentiels de leur pouvoir.

La dernière partie de l'ouvrage est dédiée à l'activité des lanceurs d'alerte, qui pourraient bien constituer le dernier rempart de la démocratie. Paradoxalement les États affaiblis sont amenés, souvent à reculons, à protéger les lanceurs d'alerte qui, finalement, révèlent ce que les contrôles publics auraient, en bonne logique, dû mettre en évidence. L'alerte citoyenne deviendra-t-elle un rempart pour les épris d'éthique fût-elle minimale ?

Cet ouvrage décrypte les opacités d'un système dont tous les promoteurs mettent volontiers en avant le fameux « il n'y a pas d'autre alternative » mieux connu sous l'anagramme « TINA » si cher à THATCHER, à REAGAN et à tous les tenants des « réformes » dont on sait depuis la réplique de Giuseppe Tomasi di Lampedusa dans « Le guépard » : « qu'il faut que tout change pour que rien ne change ». Il démontre que cette mascarade est constituée par une succession de fictions : fiction de propriété, fiction d'éthique, fiction d'entreprises, fiction de nationalités, fiction de réussite économique qu'il serait aisé de réduire ! Les exemples multiples tirés de faits réels cités dans l'ouvrage suffiront à écarter l'argumentaire de ceux qui prétendraient que cette approche relève de la théorie du complot.

Sécurité Globale

Bulletin d'abonnement ou de réabonnement

À retourner accompagné de votre règlement aux
Éditions ESKA – 12, rue du Quatre-Septembre, 75002 PARIS
Tél. : 01 42 86 55 65 – Fax : 01 42 60 45 35

http://www.eska.fr

M, Mme, Mlle ____________ Prénom ____________

Société/Institution ____________

N° ________ Rue ____________

Code postal ____________ Ville ____________

Pays ____________

Adresse électronique ____________

TARIFS D'ABONNEMENTS*

	France particulier	France société/ institution	Etranger particulier	Etranger société/ institution
1 an (2021)	❑ 111 €	❑ 141 €	❑ 136 €	❑ 167 €
2 ans (2021 et 2022)	❑ 200 €	❑ 250 €	❑ 240 €	❑ 299 €

* Abonnements souscrits à l'année civile (janvier à décembre).

❑ Je souscris un abonnement pour ❑ 1 an ❑ 2 ans

Je joins mon règlement de .... Euros

❑ par chèque bancaire à l'ordre des Éditions ESKA

❑ par virement bancaire aux Éditions ESKA – BNP Paris Champs Elysées 30004/00804/ compte : 00010139858 36

❑ par carte bancaire : merci d'indiquer votre numéro de compte et la date d'expiration

N° carte bancaire : ❑ Visa ❑ Eurocard/Mastercard

|_|_|_|_| |_|_|_|_| |_|_|_|_| |_|_|_|_|

Date d'expiration : |_|_|_|_| Signature :

Derniers numéros parus

Sécurité globale 25 | 2021 Bioterrorisme – Crime organisé – Géopolitique
Sécurité globale 24 | 2020 Nouveaux conflits : bioterrorisme et Covid — Armées "privées"
Sécurité globale 23 | 2020 Sécurité nationale – "Embrasement des quartiers"
Sécurité globale 22 | 2020 Crise Covid-19, crimes et fraudes
Sécurité globale 21 | 2020 Djihadisme : le combattre
Sécurité globale 20 | 2019 Spécial données - 2018, 2019
Sécurité globale 19 | 2019 ANSSI. 10e anniversaire - « Diversité ». Un mot sans histoire
Sécurité globale 18 | 2019 Maîtrise du terrorisme par le haut
Sécurité globale 17 | 2019 Géopolitique, Sécurité-Légalité
Sécurité globale 16 | 2018 Brésil demain : Sécurité, économie, écologie
Sécurité globale 15 | 2018 Cybermonde : état des lieux, perspectives, risques et périls
Sécurité globale 14 | 2018 Géopolitique – Terrorismes et crime organisé
Sécurité globale 13 | 2018 Terrorisme – Criminologie
Sécurité globale 12 | 2017 Terrorisme – Criminologie
Sécurité globale 11 | 2017 Géopolitique – Criminologie – Terrorisme
Sécurité globale 10 | 2017 Le chi'isme paramilitaire
Sécurité globale 9 | 2017 Les habits neufs de l'impérialisme
Sécurité globale 8 | 2016 Cyber-chaos et sécurité numérique
Sécurité globale 7 | 2016 Islam activiste, réaction et révolution
Sécurité globale 6 | 2016 Le monde criminel à l'horizon 2025
Sécurité globale 5 | 2016 Dossier Stupéfiants
Sécurité globale 3-4 | 2015 Toujours plus cyber-menacées : les collectivités territoriales / « Police prédictive » : les belles histoires de l'Oncle Predpol
Sécurité globale 2 | 2015 (nouvelle série) : Bandes, Braquages, Terreur
Sécurité globale 1 | 2015 (nouvelle série) : Iran 2015 : Qui gouverne à Téhéran (et comment) ?

BULLETIN D'ABONNEMENT OU DE RÉABONNEMENT

ÉDITIONS ESKA
12 rue du Quatre-Septembre - 75002 Paris, France
Tél. : 01 42 86 55 65 | Fax : 01 42 60 45 35
http://www.eska.fr